Chengyu!

Chengyu!

China's Most Popular Sayings, With Stories in Easy
Chinese, Pinyin and English

by Claire Maccabee

IMAGIN8
PRESS

Published in the United States by Imagin8 Press LLC, Verona, Pennsylvania, US. For information, contact us via email at info@imagin8press.com.

Our books may be purchased directly in quantity at a reduced price, visit www.imagin8press.com for details.

Imagin8 Press, the Imagin8 logo and the sail image are all trademarks of Imagin8 Press LLC.

Written by Claire Maccabee
Edited by Jeff Pepper and Xiao Hui Wang
Audiobook narration by Junyou Chen

Cover and interior artwork generated using OpenAI's DALL·E.

ISBN: 978-1959043874
Version 1.4

Acknowledgements

The author is a huge fan of Jeff Pepper and Xiao Hui Wang's work. She would love to say that her own Mandarin study has been as smooth as a silk road, but she has, admittedly, been particularly frustrated with the lack of authentic, scaffolded, intermediate materials available for learners.

However, she has found Jeff Pepper and Xiao Hui Wang's approach to learning to read authentic Mandarin texts to be revolutionary. She is excited to work with them on this project and would like to thank them for their invaluable contribution to the field.

Thanks to Jeff Pepper for editing the English and designing the book, Xiao Hui Wang for editing the Chinese, Arnaud Ysmal, Jean Agapoff and Jia Mei Behn for proofreading the entire book, and Junyou Chen for his always-enjoyable audio recording of the book.

Special thanks also to Lindsay for her insight and perspective, and to Phil and Meng for their assistance and support.

Audiobook

A complete Chinese language audio version of this book is available free of charge. To access it, go to YouTube.com and search for the Imagin8 Press channel. There you will find free audiobooks for this and many other books.

You can also visit our website, www.imagin8press.com, to find a direct link to the YouTube audiobook, as well as information about our other books.

For my father

Contents

Is the Grass Really Greener?

English has hundreds of idioms.

> *Break the ice.*
>
> *Spill the beans.*
>
> *Burn the midnight oil.*
>
> *There's no use in crying over spilled milk.*
>
> *Don't count your chickens before they hatch.*
>
> *Don't let the cat out of the bag.*

Expressions like these are as old as language itself.

What is an idiom? It is a short, commonly used phrase or expression whose meaning is different from the literal meaning of the individual words. An idiom goes well beyond its original literal meaning, and it is used by native speakers to make their speech more expressive.

Idioms and proverbs are both popular, expressive sayings, but proverbs focus on providing moral guidance or lessons.

Some idioms are religious, ancient, folkloric, and even mythical in origin. Expressions such as "A bird in the hand is worth two in the bush" come from history and paint the inner landscape of one's cultural consciousness. Others, such as "sour grapes," derive from ancient moral tales and provide a deeper context of the saying's origin and meaning. The English language has a long, rich history of these sayings.

In Chinese, chengyu (pronounced **chéng yǔ** and spelled 成语) are popular four-character sayings that often refer to an ancient story, historical reference or myth. They are metaphorical expressions and often also serve as proverbs. They are a part of the fabric of the great tapestry of Chinese language and culture.

The meaning of a chengyu is more complex than just the four characters, and a chengyu's historical context often gives a clue to its true meaning.

They come from the literature of ancient China and often use archaic grammar and syntax which can make them unintelligible to the modern eye.

Mastery and proper use of chengyu is considered a sign of one's high learning, status, and education. Even today, chengyu are an important part of linguistic expression in China.

In this book we have collected some of our favorite ancient chengyu stories. We hope you enjoy them for the rich culture and history behind each one.

The stories are written using simple language, using mostly the HSK4 vocabulary. If you don't recognize a Chinese character, you can find it on the facing page of pinyin and then look it up in the glossary. There is a complete English translation in the back of the book, and a free audiobook is available on YouTube, on the Imagin8 Press channel.

You can use this book to "kill two birds with one stone" and study up on Chinese history and culture while improving your language understanding.

We hope you enjoy these stories. Now let's "strike while the iron is hot!"

成语！

1.

叶公好龙

Yè Gōng Hào Lóng

Lord Ye is Fond of Dragons

This chengyu is a cautionary tale. The central character claims a fondness and expertise for a hobby, but in the end, it turns out he is deeply frightened by it. The reader is advised to be wary of boasting about hobbies or interests that one does not truly enjoy, fully understand, or is even scared by. Its message is, "think before you speak!"

Hěn jiǔ hěn jiǔ yǐqián, Chūnqiū de shíhou, yǒu yí wèi hěn yǒumíng de guìzú jiào Yè Gōng. Yè Gōng hěn ài lóng. Tā tiāntiān dōu duì dàjiā shuō tā fēicháng xǐhuan lóng. Zài tā jiālǐ dàochù dōu shì lóng de huà. Yǐzi shàng, yīfu shàng, bēizi shàng, pánzi shàng dōu huàzhe lóng. Hái yǒu mén hé chuānghu, chábēi hé cháhú, dāo hé tāngchí, shàngmiàn yě dōu huàzhe lóng.

Yǒu yì tiān, Yè Gōng gēn tā de péngyou yìqǐ qù páshān. Dāng zǒu dào shāndǐng shí, tā hái zài xiǎngzhe lóng. Yè Gōng tūrán duì tiān kāishǐ dàjiào, "Wǒ hěn ài lóng a! Lóng kěndìng jiùshì wǒ zuì xǐhuan de shēngwù!"

Jiù zài nàshí, yì tiáo zhēn de lóng fēi zài tiānshàng, tīngzhe Yè Gōng shuō de huà. Tā hěn xiǎng zhīdào, zhè shì zhēn de háishì jiǎ de. Tā xiǎng, "Rúguǒ Yè Gōng zhēn de ài lóng,

很久很久以前，春秋[1]的时候，有一位很有名的贵族叫叶公。叶公很爱龙。他天天都对大家说他非常喜欢龙。在他家里到处都是龙的画。椅子上、衣服上、杯子上、盘子上都画着龙。还有门和窗户，茶杯和茶壶，刀和汤匙，上面也都画着龙。

有一天，叶公跟他的朋友一起去爬山。当走到山顶时，他还在想着龙。叶公突然对天开始大叫，"我很爱龙啊！龙肯定就是我最喜欢的生物！"

就在那时，一条真的龙飞在天上，听着叶公说的话。它很想知道，这是真的还是假的。它想，"如果叶公真的爱龙，

---

[1] 春秋　　　Chūn qiū – the Spring and Autumn period (770–476 BC)

wǒ míngtiān wǎnshang jiù qù kàn tā. Yěxǔ tā huì qǐng wǒ chīfàn! Tài xìngyùn le!"

Dì'èr tiān wǎnshang, nà tiáo lóng juédìng cóng tiāngōng fēi qù jiàn Yè Gōng. Lóng fēi dào Yè Gōng jiā de chuānghu qián, tā tōutōu de wǎng lǐ kàn Yè Gōng piàoliang de jiā. Lóng xiǎng, "Tā yǒu nàme duō lóng de huà. Tā nàme xǐhuan lóng, wǒ yīnggāi gěi tā jièshào yíxià wǒ zìjǐ."

Nàge shíhou, Yè Gōng zhèngzài jiālǐ hēzhe wūlóngchá, tā yòng de cháhú shàng yě yǒu yì tiáo zǐlóng de huà. Lóng mànman de fēi dào Yè Gōng de pángbiān. Tā shuō, "Nǐ hǎo Yè xiānsheng. Hěn gāoxìng rènshi nǐ."

Yè Gōng yí kàndào zhè tiáo zhēn de lóng, xià le yí tiào. Tā bù zhīdào yào shuō shénme. Tā hǎn dào, "Bāngzhù! Bāngzhù a!"

我明天晚上就去看他。也许他会请我吃饭！太幸运了！"

第二天晚上，那条龙决定从天宫[2]飞去见叶公。龙飞到叶公家的窗户前，它偷偷地往里看叶公漂亮的家。龙想，"他有那么多龙的画。他那么喜欢龙，我应该给他介绍一下我自己。"

那个时候，叶公正在家里喝着乌龙茶，他用的茶壶上也有一条紫龙的画。龙慢慢地飞到叶公的旁边。它说，"你好叶先生。很高兴认识你。"

叶公一看到这条真的龙，吓了一跳。他不知道要说什么。他喊道，"帮助！帮助啊！"

Ránhòu tā hěn kuài de zhuǎnshēn pǎo le.

Nà tiáo lóng juéde, "Yè Gōng zhēnshì yí gè qíguài de rén."

Tā zài kàn le kàn Yè Gōng piàoliang de jiā, yòu kàn le kàn jìngzi lǐ de zìjǐ, ránhòu mǎshàng fēi huí le tiāngōng.

Yuánlái, Yè Gōng búshì xǐhuan zhēn de lóng. Tā zhǐshì xǐhuan jiǎ de lóng. Zhège gùshi gàosu wǒmen shénme ne? Shuōhuà yào xiǎoxīn! Zhùyì búyào chuīxū! Rúguǒ nǐ duì nǐ zìjǐ de àihào bù liǎojiě, jiù búyào tài kuài de chuīxū tāmen. Búyào xiàng Yè Gōng hào lóng yíyàng!

然后他很快地转身跑了。

那条龙觉得，"叶公真是一个奇怪的人。"

它再看了看叶公漂亮的家，又看了看镜子里的自己，然后马上飞回了天宫。

原来，叶公不是喜欢真的龙。他只是喜欢假的龙。这个故事告诉我们什么呢？说话要小心！注意不要吹嘘！如果你对你自己的爱好不了解，就不要太快地吹嘘它们。不要像叶公好龙一样！

2.

画龙点睛

Huà Lóng Diǎn Jīng

Draw Dragon Dot Eyes

This chengyu describes the act of adding the "icing on the cake" to bring a work of art quite literally to life. It may be a dot of paint on a wondrous dragon, a final brush stroke, a word, or a musical note. Regardless, it is the "pièce de résistance" that adds the final finishing touches.

Cóngqián, yǒu yí wèi hěn yǒumíng de huàjiā jiào Zhāng Sēngyóu. Tā xǐhuan huà lóng. Cháng lóng, duǎn lóng, hēi lóng, bái lóng, lǜ lóng, hóng lóng, lán lóng, tā dōu xǐhuan huà. Sìmiàn-bāfāng de rén dōu lái kàn tā huà lóng. Dànshì, yǒu yì tiān yí gè lǎorén gàosu tā yào xiǎoxīn, yào jìzhù Yè Gōng hào lóng de chéngyǔ gùshi.

Huàjiā jīngcháng dào sìmiào qù shàngxiāng. Yǒu yì tiān, Zhāng Sēngyóu shàngxiāng hòu, kāishǐ zài sìmiào qiáng shàng huàhua. Tā huà le sān tiáo hěn dà de lǜ lóng. Dànshì tā méiyǒu gěi lóng huà yǎnjing. Dàjiā dōu lái wèn tā, "Nǐ wèishénme méiyǒu gěi lóng huà yǎnjing?"

Zhāng Sēngyóu méi huídá. Tā zhǐshì mànman de yáo le yáo tóu.

从前，有一位很有名的画家叫<u>张僧繇</u>[3]。他喜欢画龙。长龙，短龙，黑龙，白龙，绿龙，红龙，蓝龙，他都喜欢画。四面八方的人都来看他画龙。但是，有一天一个老人告诉他要小心，要记住**<u>叶公好龙</u>**的成语故事。

画家经常到寺庙去上香。有一天，<u>张僧繇</u>上香后，开始在寺庙墙上画画。他画了三条很大的绿龙。但是他没有给龙画眼睛。大家都来问他，"你为什么没有给龙画眼睛？"

<u>张僧繇</u>没回答。他只是慢慢地摇了摇头。

---

[3] 张僧繇　　Zhāng Sēngyóu – Zhang Sengyou (490–540 AD), one of the Four Great Painters of the Six Dynasties period

Yí gè xiǎohái yòu guòlái wèn tā, "Zhāng xiānsheng, nǐ huà de nà tiáo lóng, shēntǐ yòu cháng yòu shòu, ěrduo xiǎo xiǎo de, zuǐba dà dà de, zhuǎzi hēi hēi de, yáchǐ bái bái de, bízi cháng cháng de, yǒu bù cháng yě bù duǎn de máo. Wèishénme nǐ bù diǎn yǎnjing ne? Nǐ juéde zhè shì èyùn ma?"

Zhāng Sēngyóu hěn ānjìng. Tā xiǎng le xiǎng, mànman de huídá shuō, "Bù, búshì hǎoyùn huò èyùn. Nǐ shuō de duì. Suīrán nàxiē lóng yǒu shēntǐ, yǒu bízi, yǒu máo, yǒu ěrduo, yǒu yá, yǒu zuǐ, dànshì méiyǒu yǎnjing. Wǒ shì gùyì bú huà de. Wèishénme? Yīnwèi zhèxiē lóng kàn shàngqù hěn zhēn, suǒyǐ rúguǒ wǒ huà shàng yǎnjing, lóng jiù huì fēi zǒu!"

Sìmiào lǐ de rén xiào le qǐlái. Yí gè rén shuō, "Bié húshuō, zhè zhǐshì yì fú huà! Nǐ shìshi huàlóng diǎn jīng ba!"

一个小孩又过来问他，"张先生，你画的那条龙，身体又长又瘦，耳朵小小的，嘴巴大大的，爪子黑黑的，牙齿白白的，鼻子长长的，有不长也不短的毛。为什么你不点眼睛呢？你觉得这是厄运吗？"

张僧繇很安静。他想了想，慢慢地回答说，"不，不是好运或厄运。你说得对。虽然那些龙有身体，有鼻子，有毛，有耳朵，有牙，有嘴，但是没有眼睛。我是故意不画的。为什么？因为这些龙看上去很真，所以如果我画上眼睛，龙就会飞走！"

寺庙里的人笑了起来。一个人说，"别胡说，这只是一幅画！你试试**画龙点睛**吧！"

Zhāng Sēngyóu zhōngyú tóngyì yòng huàbǐ diǎn lóng de yǎnjing.

Tā gāng bǎ liǎng tiáo lóng de yǎnjing huà shàng, sìmiào xià de dìmiàn kāishǐ zhèndòng, fēng yuè lái yuè dà, yǔ xià le qǐlái. Dàjiā dōu hěn hàipà. Liǎng tiáo diǎn le yǎnjing de lóng tūrán tiào shàng tiānkōng, fēizǒu le.

张僧繇终于同意用画笔点龙的眼睛。

他刚把两条龙的眼睛画上，寺庙下的地面开始震动，风越来越大，雨下了起来。大家都很害怕。两条点了眼睛的龙突然跳上天空，飞走了。

3.

画蛇添足

Huà Shé Tiān Zú

Draw Snake Add Legs

This chengyu is a warning not to do things unnecessarily, and not to add extra details or make changes to a work that is already complete and perfect. It may be a snake drawn in the dirt, or one's magnum opus. The story cautions that unnecessary changes can make things worse rather than better. In essence, "if it ain't broke, don't fix it."

Cóngqián, yǒu yí wèi hěn yǒu qián de rén, tā zhù zài yí gè xiǎo chéngshì de yí dòng měilì de fángzi lǐ. Tā yǒu hěn duō púrén. Suīrán tā hěn yǒu qián, dànshì tā háishì hěn dàfāng. Yì tiān wǎnshang, tā gěi púrénmen jǐ hú jiǔ hē. Qízhōng yì hú jiǔ tèbié dà, tèbié hǎohē. Púrénmen zài fángzi qiánmiàn hē jiǔ liáotiān de shíhou, yí gè púrén tūrán zhàn qǐlái, hěn dàshēng de shuōdào, "Nà hú jiǔ zuì dà, zuì hǎohē. Shuí xiǎng hē tā? Wǒmen bǐ yi bǐ ba! Shuí yíng, shuí jiù dédào jiǔ!"

Zhàn zài pángbiān de rén shuō, "Xíng! Kěshì wǒmen yīnggāi zěnme bǐ?"

Nàge púrén kàn le kàn dìmiàn, ránhòu huídá dào, "Wǒmen zài dìmiàn bǐsài huà shé ba! Shuí xiān huà wán shé, shuí jiù néng yíngdé jiǔ!"

Dàjiā dōu tóngyì le, tāmen mǎshàng zài dìmiàn shàng kāishǐ

从前，有一位很有钱的人，他住在一个小城市的一栋美丽的房子里。他有很多仆人。虽然他很有钱，但是他还是很大方。一天晚上，他给仆人们几壶酒喝。其中一壶酒特别大，特别好喝。仆人们在房子前面喝酒聊天的时候，一个仆人突然站起来，很大声地说道，"那壶酒最大，最好喝。谁想喝它？我们比一比吧！谁赢，谁就得到酒！"

站在旁边的人说，"行！可是我们应该怎么比？"

那个仆人看了看地面，然后回答道，"我们在地面比赛画蛇吧！谁先画完蛇，谁就能赢得酒！"

大家都同意了，他们马上在地面上开始

huà shé. Yǒu yí gè rén huà de hěn màn, yǒu yí gè rén huà de hěn luàn, yǒu yí gè rén huà de hěn piàoliang. Hái yǒu yí gè rén hěn kuài jiù huà wán le tā de huà. Tā kàndào qítā rén hái méi huà wán shé. Tā xiǎng, "Wǒ huà shé, huà de hěn hǎo! Wǒ hěn xìngyùn, wǒ dāngrán huì dédào jiǔ, kěshì wǒ hái yǒu yìdiǎn shíjiān. Yěxǔ wǒ kěyǐ zài wánměi yíxià wǒ de huà, kěshì zěnme cái néng ràng huà zài gèng wánměi yìdiǎn ne?" Tā huà de shé yǐjīng hěn wánměi le. Dàn tā hái zài xiǎng, "Wǒ yīnggāi huà shàng yǎnjing ma?"

"Bù, wǒ bù yīnggāi huà yǎnjing. Wǒ yīnggāi jìzhù huàlong diǎn jīng zhège gùshi. Wǒ bùxiǎng ràng tā fēizǒu!"

Ránhòu tā yòu xiǎng, "Wǒ yīnggāi gěi tā huà sì zhī jiǎo." Tā kěndìng le zhège juédìng, yào gěi shé huà sì zhī jiǎo. Huà wán hòu, tā zhèng yào qù hē nà hú jiǔ, tā zhōuwéi de rén què mǎshàng shuō, "Bùxíng! Nǐ bù kěyǐ hē!"

画蛇。有一个人画得很慢，有一个人画得很乱，有一个人画得很漂亮。还有一个人很快就画完了他的画。他看到其他人还没画完蛇。他想，"我画蛇，画得很好！我很幸运，我当然会得到酒，可是我还有一点时间。也许我可以再完美一下我的画，可是怎么才能让画再更完美一点呢？"他画的蛇已经很完美了。但他还在想，"我应该画上眼睛吗？"

"不，我不应该画眼睛。我应该记住**画龙点睛**这个故事。我不想让它飞走！"

然后他又想，"我应该给它画四只脚。"他肯定了这个决定，要给蛇画四只脚。画完后，他正要去喝那壶酒，他周围的人却马上说，"不行！你不可以喝！"

Tā huídá shuō, "Wèishénme? Wǒ yíng le, jiù shì wǒ de! Wǒ xiān huàwán le shé. Wǒ de shé hěn wánměi!"

Yí gè rén shuō, "Suīrán nǐ xiān huàhǎo le shé, dànshì nǐ zuìhòu tiān le sì zhī jiǎo. Hěn qíguài! Dàjiā dōu zhīdào shé méiyǒu jiǎo! Xiànzài nǐ de shé kàn qǐlái bú xiàng shé, tā kàn qǐlái jiù xiàng yí gè guàiwù, suǒyǐ nǐ méi yíngdào jiǔ!"

Tā bù zhīdào zěnme huídá. Tā kàndào qítā rén zài hē nà hú tèbié de jiǔ, tā gǎndào hěn shīwàng. Zuìhòu tā méiyǒu jiǔ kěyǐ hē, érqiě tā běnlái hěn wánměi de huà shīqù le měihǎo de yàngzi. Xiànzài wǒmen zhīdào, bù xūyào huàshé-tiānzú, yīnwèi rúguǒ wǒmen zhèyàng zuò, kěnéng huì shīqù yíqiè.

他回答说，"为什么？我赢了，酒是我的！我先画完了蛇。我的蛇很完美！"

一个人说，"虽然你先画好了蛇，但是你最后添了四只脚。很奇怪！大家都知道蛇没有脚！现在你的蛇看起来不像蛇，它看起来就像一个怪物，所以你没赢到酒！"

他不知道怎么回答。他看到其他人在喝那壶特别的酒，他感到很失望。最后他没有酒可以喝，而且他本来很完美的画失去了美好的样子。现在我们知道，不需要**画蛇添足**，因为如果我们这样做，可能会失去一切。

4.

自相矛盾

Zì Xiāng Máo Dùn

Self-Contradiction Spear Shield

This chengyu also tells us to think before we speak. It is not wise to talk too carelessly, boast, or brag, as the merchant does in the marketplace. If you do, it may affect your reputation, business, and integrity. Most importantly, do not contradict yourself or be a hypocrite, otherwise you may lose face, and who would want to do business with you?

Hěn jiǔ hěn jiǔ yǐqián, zài yí zuò gāoshān shàng
zhùzhe yí wèi shāngrén. Tā měi gè xīngqīliù xiàshān
qù shìchǎng zuò shēngyì. Tā zài shìchǎng lǐ mài wǔqì,
tā zuì xǐhuan mài de wǔqì shì máo hé dùn.

Yǒu yì tiān zǎoshang tā xiàshān qù shìchǎng.
Shìchǎng hěn rènao, rénshān-rénhǎi. Tā kāishǐ mài tā
de wǔqì. Tā hěn xìngyùn, yīnwèi zǎoshang shìchǎng lǐ
yǒu hěn duō gùkè. Dànshì xiàwǔ de gùkè yuè lái yuè
shǎo le. Shāngrén xiǎng le xiǎng, kāishǐ wèn zìjǐ, "Wǒ
zěnyàng cái néng mài chū gèng duō de wǔqì ne?"

Tā tūrán zhàn qǐlái dàjiào, "Kuài lái kànkan! Wǒ de
wǔqì yòu jiāngù yòu fēnglì! Kuài lái kàn a, zhèlǐ de
wǔqì shì shìjiè shàng zuì tèbié de!"

Ránhòu tā náqǐ yì zhī máo shuō, "Wǒ de máo shì zuì
yǒumíng, zuì fēnglì de máo! Tā nàme de fēnglì, kěyǐ

很久很久以前，在一座高山上住着一位商人。他每个星期六下山去市场做生意。他在市场里卖武器，他最喜欢卖的武器是矛和盾。

有一天早上他下山去市场。市场很热闹，人山人海。他开始卖他的武器。他很幸运，因为早上市场里有很多顾客。但是下午的顾客越来越少了。商人想了想，开始问自己，"我怎样才能卖出更多的武器呢？"

他突然站起来大叫，"快来看看！我的武器又坚固又锋利！快来看啊，这里的武器是世界上最特别的！"

然后他拿起一支矛说，"我的矛是最有名、最锋利的矛！它那么的锋利，可以

cìchuān shìjiè shàng zuì jiāngù de dùn!"

Tā shēn xī le yì kǒu qì, jìxù shuōdào, "Kuài lái kànkan wǒ de dùn ba! Wǒ de dùn duōme jiāngù a! Shìjiè shàng méiyǒu yì zhī máo kěyǐ cìchuān tā!"

Zhàn zài pángbiān de yí wèi shūshēng kànzhe shāngrén shuō, "Shénme? Wǒ bù míngbai."

Shūshēng zài dàjiā de miànqián náqǐ nà zhī máo hé nàge dùn. Hěn dàshēng de wèn, "Nǐ shuō zhè máo shénme dōu néng cì, zhè dùn shénme dōu néng dǎng, duì ba?"

Shāngrén huídá shuō, "Nà dāngrán le!"

Shūshēng jìxù wèn, "Gàosu wǒ, rúguǒ wǒ yòng nǐ zhè zhī máo cì nǐ zhège dùn huì zěnmeyàng ne?"

Shāngrén bù zhīdào zěnme huídá. Tā xiǎng le xiǎng, dàn tā yí jù huà dōu shuō bù chūlái.

刺穿世界上最坚固的盾！"

他深吸了一口气，继续说道，"快来看看我的盾吧！我的盾多么坚固啊！世界上没有一支矛可以刺穿它！"

站在旁边的一位书生看着商人说，"什么？我不明白。"

书生在大家的面前拿起那支矛和那个盾。很大声地问，"你说这矛什么都能刺，这盾什么都能挡，对吧？"

商人回答说，"那当然了！"

书生继续问，"告诉我，如果我用你这支矛刺你这个盾会怎么样呢？"

商人不知道怎么回答。他想了想，但他一句话都说不出来。

Pángbiān de gùkè tīngdào shūshēng shuō de huà jiù kāishǐ dàshēng de xiào le qǐlái. Nàge mài wǔqì de rén juéde hěn diūliǎn, tā liǎnhóng le.

Tā mǎshàng bǎ wǔqì shōu qǐlái, hěn kuài de huí shān shàng qù le. Cóngcǐ, zhège gùshi de yìsi jiù chéng le chéngyǔ zìxiāng-máodùn, zhège chéngyǔ jiù liúchuán le xiàlái.

Cóng zhège zìxiāng-máodùn de gùshi zhōng, nǐ míngbai le shénme ne? Shuōhuà hé zuò shìqing yídìng yào xiǎoxīn! Búyào luàn jiǎnghuà, fǒuzé nǐ jiù huì shuōhuà qiánhòu bù yíyàng nǐ huì zìxiāng-máodùn.

旁边的顾客听到书生说的话就开始大声地笑了起来。那个卖武器的人觉得很丢脸，他脸红了。

他马上把武器收起来，很快地回山上去了。从此，这个故事的意思就成了成语自相矛盾，这个成语就流传了下来。

从这个自相矛盾的故事中，你明白了什么呢？说话和做事情一定要小心！不要乱讲话，否则你就会说话前后不一样你会自相矛盾。

5.

走马看花

Zǒu Mǎ Kàn Huā

Ride Horse, See Flowers

This is an ancient tale about matchmaking. It admonishes the superficiality of the two youths in the story. They simply want to meet a suitable partner, but they handle their affairs in a passive and perfunctory manner. It is a warning to look at a situation in depth, not only on the surface. If one is too lax or superficial in handling one's affairs, there may be severe, even lifelong consequences.

Zài hěn jiǔ hěn jiǔ yǐqián de gǔ shíhou, Zhōngguó de yí gè xiǎochéng lǐ yǒu yí gè hěn jiǎohuá de méirén. Méirén zhù de dìfāng lí chéngshì zhōngxīn hěn yuǎn. Xiǎochéng de niánqīngrén dōu lái zhǎo tā. Xīwàng tā néng bāng tāmen zhǎodào yí gè hǎo zhàngfu huò hǎo qīzi.

Xiǎochéng lǐ yǒu yí gè hěn nǔlì de nánrén, dànshì tā de tuǐjiǎo bù hǎo. Xiǎochéng lǐ de rén kànbuqǐ tā. Yóuyú zhǎo bu dào héshì de qīzi, tā juédìng qù zhǎo méirén bāng tā.

Xiǎochéng lǐ hái yǒu yí gè niánqīng de nǔrén. Tā de xīn hěn hǎo, kěshì tā de bízi duànguò, érqiě wān le. Suǒyǐ xiǎochéng lǐ de rén yě kànbuqǐ tā. Yóuyú zhǎo bu dào héshì de zhàngfu, tā yě juédìng qù zhǎo jiǎohuá de méirén bāng tā. Liǎng rén gèzì qù méirén jiā qiúzhù.

Zài shōudào qiúzhù hòu, méirén xiǎng, "Wǒ yào gěi nàge

在很久很久以前的古时候，中国的一个小城里有一个很狡猾的媒人。媒人住的地方离城市中心很远。小城的年轻人都来找她。希望她能帮他们找到一个好丈夫或好妻子。

小城里有一个很努力的男人，但是他的腿脚不好。小城里的人看不起他。由于找不到合适的妻子，他决定去找媒人帮他。

小城里还有一个年轻的女人。她的心很好，可是她的鼻子断过，而且弯了。所以小城里的人也看不起她。由于找不到合适的丈夫，她也决定去找狡猾的媒人帮她。两人各自去媒人家求助。

在收到求助后，媒人想，"我要给那个

nián nánrén jièshào yí gè hǎo qīzi, wǒ yào zěnme zuò
ne?"

Guò le jǐ tiān méirén yòu xiǎng, "Wǒ yě yào gěi nàge
nǚhái jièshào yí gè hǎo zhàngfu, wǒ yào zěnme zuò
ne?"

Guò le yí duàn shíjiān hòu, méirén xiǎngchū le yí gè
hěn jiǎohuá de zhǔyi.

Wèi le ràng liǎng gè rén jiànmiàn, méirén ràng
niánqīng nánrén zài nǚhái de miànqián qímǎ,
zhèyàng nǚhái jiù kàn bu jiàn tā zǒulù de yàngzi le.
Méirén ràng nǚhái zài tā zìjǐ miànqián fàng yí shù
huā, zhèyàng niánqīng nánrén jiù kàn bu qīng tā de
liǎn le.

Dāng tāmen jiànmiàn shí, liǎng rén hěn kuài de
hùxiāng kàn le yì yǎn, niánqīng nánrén jiù qímǎ
guòqu le. Nǚhái juéde tā hěn shuài. Niánqīng nánrén
juéde nàge nǚ háizi hěn piàoliang. Tāmen dōu juéde
zìjǐ hěn xìngyùn. Hòulái, tā

年男人介绍一个好妻子，我要怎么做呢？"

过了几天媒人又想，"我也要给那个女孩介绍一个好丈夫，我要怎么做呢？"

过了一段时间后，媒人想出了一个很狡猾的主意。

为了让两个人见面，媒人让年轻男人在女孩的面前骑马，这样女孩就看不见他走路的样子了。媒人让女孩在她自己面前放一束花，这样年轻男人就看不清她的脸了。

当他们见面时，两人很快地互相看了一眼，年轻男人就骑马过去了。女孩觉得他很帅。年轻男人觉得那个女孩子很漂亮。他们都觉得自己很幸运。后来，他

men juédìng jiéhūn. Kěshì zài hūnlǐ nà tiān, liǎng rén dōu duì duìfāng zhēn de yàngzi gǎndào hěn shīwàng. Tāmen duì méirén bàoyuàn, kěshì méirén shuō, "Nǐmen dōu tài zǒumǎ kànhuā le! Nǐmen shénme dōu xiǎng yào, kěshì zìjǐ yě dōu yǒu quēdiǎn."

Zuìhòu, tāmen jiéhūn le, kěshì liǎng gè rén dōu fāshì zài yě bùnéng suíbiàn juédìng zìjǐ de shì le, zài yě bù zǒumǎ kànhuā le!

们决定结婚。可是在婚礼那天，两人都对对方真的样子感到很失望。他们对媒人抱怨，可是媒人说，"你们都太**走马看花**了！你们什么都想要，可是自己也都有缺点."

最后，他们结婚了，可是两个人都发誓再也不能随便决定自己的事了,再也不**走马看花**了！

6.

老马识途

Lǎo Mǎ Shí Tú

Old Horse Knows the Way

This tale reminds us that it is the old hand that truly knows the ropes. Here the old horses save the day, not the younger, able-bodied youths. This story tells us to utilize the experience of elders and value knowledge of those who can rely on instinct and training, over the inexperienced, immature, and foolish.

Chūnqiū shíqī, Qíguó jūnduì qù dǎzhàng. Shìbīng líkāi shǒudū de shíhou dài le hǎo duō mǎ, wǔqì, hé rìyòngpǐn. Dāng tāmen dōngtiān huíqù shí, tāmen láidào le yí gè shāngǔ. Shìbīngmen mílù le. Tiān yuè lái yuè hēi, tiānqì yuè lái yuè lěng. Kāishǐ xià dàxuě le, dàjiā dōu hěn dānxīn.

Yí gè jiào Guǎn Zhòng de rén qù wèn nàxiē shìbīng, "Huíqù de lùshàng wǒmen méiyǒu zhùyì kàn lù, zhǐshì zǒumǎ kànhuā le. Xiànzài wǒmen mílù le, shuí zhīdào huí shǒudū zěnme zǒu? Gāi wǎng dōng, wǎng xī, wǎng nán, háishì wǎng běi cái néng huí jiā?"

Yí gè shìbīng shuō, "Wǒ zhīdào! Wǒmen yào wǎng qián zǒu, zǒu chàbuduō èrshíwǔ lǐ, jiù dào le."

春秋时期，<u>齐国</u>军队去打仗。士兵离开首都的时候带了好多马、武器、和日用品。当他们冬天回去时，他们来到了一个山谷。士兵们迷路了。天越来越黑，天气越来越冷。开始下大雪了，大家都很担心。

一个叫<u>管仲</u>[4]的人去问那些士兵，"回去的路上我们没有注意看路，只是**走马看花**了。现在我们迷路了，谁知道回首都怎么走？该往东、往西、往南、还是往北才能回家？"

一个士兵说，"我知道！我们要往前走，走差不多二十五里，就到了。"

---

[4] 管仲　　　Guǎn Zhòng – Guanzhong, a famous Chinese philosopher, politician, and military strategist who served as chancellor and was a reformer of the State of Qi during the Spring and Autumn period

Lìngwài yí gè rén huídá shuō, "Búduì, búduì, búduì!
Wǒ láiguò zhèlǐ, suǒyǐ wǒ zhīdào zěnme zǒu. Wǒmen
lí shǒudū hěn jìn. Wǒmen yào xiān wǎng yòu zǒu,
ránhòu zuǒ zhuǎn, ránhòu yìzhí zǒu jiù dào le."

Lìng yí gè shìbīng shuō, "Búduì! Nǐ méi láiguò zhèlǐ.
Yǐqián wǒ shì yí wèi fēngshuǐ dàshī, wǒ dāngrán
zhīdào fāngxiàng. Wǒmen lí shǒudū bìng bú jìn.
Wǒmen xūyào xiān wǎng qián zǒu, zǒuguò sān tiáo
lù, ránhòu wǎng xīběi zǒu, zuìhòu wǎng dōngnán
zǒu, ránhòu zǒu dào yì tiáo hébiān, zài zǒu chàbuduō
wǔshí lǐ, yòu zhuǎn, jiù dào le!"

Lìngwài yí gè shìbīng shuō, "Tā luàn shuō! Shuí yě bù
zhīdào zhèngquè de fāngxiàng! Zhēn dǎoméi!
Wǒmen gāi zěnme

另外一个人回答说，"不对，不对，不对！我来过这里，所以我知道怎么走。我们离首都很近。我们要先往右走，然后左转，然后一直走就到了。"

另一个士兵说，"不对！你没来过这里。以前我是一位风水⁵大师，我当然知道方向。我们离首都并不近。我们需要先往前走，走过三条路，然后往西北走，最后往东南走，然后走到一条河边，再走差不多五十里，右转，就到了！"

另外一个士兵说，"他乱说！谁也不知道正确的方向！真倒霉！我们该怎么

---

⁵ 风水　　　　fēng shuǐ – literally, "wind water," an ancient practice of harmonizing energy with space and location

bàn?"

Dàjiā biàn de fēicháng dānxīn. Wēndù xiàjiàng, tiānqì gèng lěng le. Guǎn Zhòng xiǎng le yíxià. Tā xiǎng, "Zěnme bàn? Wǒmen zhēn de mílù le. Wǒmen méiyǒu dìtú, yě méiyǒu zhǐnánzhēn, bù zhīdào gāi wǎng nǎge fāngxiàng zǒu."

Tā yìbiān zǒu yìbiān xiǎng. Tūrán tā tīngdào le láng jiàoshēng. Tīng qǐlái lí tā bù yuǎn. Dàjiā dōu hěn hàipà. Tīngdào láng jiàoshēng hòu, tā tūrán xiǎngqǐ, lǎogǒu zǒngshì zhīdào huíqù de zhèngquè fāngxiàng, zhè gěi le tā yí gè zhǔyi.

Guǎn Zhòng shuō, "Wǒmen shìshi ràng jǐ pǐ lǎomǎ zǒu zài qiánmiàn dàilù, tāmen kěnéng huì bāngzhù wǒmen zhǎodào huí jiā de fāngxiàng!"

Yí gè rén huídá shuō, "Lǎomǎ ma? Tāmen zěnme rèn

办？"

大家变得非常担心。温度下降，天气更冷了。管仲想了一下。他想，"怎么办？我们真的迷路了。我们没有地图，也没有指南针，不知道该往哪个方向走。"

他一边走一边想。突然他听到了狼叫声。听起来离他不远。大家都很害怕。听到狼叫声后，他突然想起，老狗总是知道回去的正确方向，这给了他一个主意。

管仲说，"我们试试让几匹老马走在前面带路，它们可能会帮助我们找到回家的方向！"

一个人回答说，"老马吗？它们怎么认

shi lù? Tāmen tài lǎo le."

Suīrán nàge shìbīng bú yuànyì shì, dànshì qítā de shìbīng xuǎn le jǐ pǐ lǎomǎ fàng zài qiánmiàn. Lǎomǎ kāishǐ wǎng qián zǒu, zǒu de hěn màn. Méiyǒu rén xiāngxìn tāmen, dàn tāmen zhīdào zěnme huíqù. Lǎomǎ mànman de bǎ tāmen dài huí le jiā.

Cóngcǐ, dàjiā dōu zhīdào, lǎomǎ shítú zhège hěn yǒumíng de gùshi. Zhège chéngyǔ de yìsi shì, yuè lǎo de rén yuè yǒu jīngyàn, wǒmen yīnggāi zūnzhòng tāmen. Jīngyàn fēicháng zhòngyào!

识路？它们太老了。"

虽然那个士兵不愿意试，但是其他的士兵选了几匹老马放在前面。老马开始往前走，走得很慢。没有人相信它们，但它们知道怎么回去。老马慢慢地把他们带回了家。

从此，大家都知道，**老马识途**这个很有名的故事。这个成语的意思是，越老的人越有经验，我们应该尊重他们。经验非常重要！

7.

塞翁失马

Sài Wēng Shī Mǎ

Old Man on Border Loses Horse

This chengyu (literally, "border old man lose horse") teaches us that every cloud has a silver lining. One does not know truly what is fortunate or misfortunate until considering the entirety of one's life. Who can predict it all? A local fortune teller? A wise old man? Perhaps no one. But regardless, this fable advises us not to judge too quickly, because misfortunes may be blessings in disguise.

Nǐ zěnme néng zhīdào nǐ de mìngyùn shì shénme yàng de? Yí gè rén zhēnzhèng de mìngyùn shì yǒuxìng de, háishì búxìng de?

Hěn jiǔ yǐqián yǒu yí wèi lǎorén. Tā yǒu yí gè xīn'ài de érzi. Tā hái yǒu jǐ pǐ hěn piàoliang de mǎ. Tā hé tā de érzi zhù zài lí Xiōngnú Dìguó hěn jìn de dìfāng, kàojìn Zhōngguó běibù de guānsài. Yì tiān, tā de jǐ pǐ mǎ bù xiǎoxīn jìnrù le Xiōngnú de dìfāng.

Tā de jiārén rènwéi zhè shì yí jiàn fēicháng dǎoméi de shìqing.

Yǒu yí gè rén shuō, "Lǎomǎ shítú, yěxǔ mǎ néng zhǎodào huílái de lù."

Yòu yǒu rén shuō, "Zhèxiē mǎ dōu hěn niánqīng, bù kěnéng

你怎么能知道你的命运是什么样的？一个人真正的命运是有幸的，还是不幸的？

很久以前有一位老人。他有一个心爱的儿子。他还有几匹很漂亮的马。他和他的儿子住在离匈奴[6]帝国很近的地方，靠近中国北部的关塞。一天，他的几匹马不小心进入了匈奴的地方。

他的家人认为这是一件非常倒霉的事情。

有一个人说，"**老马识途**，也许马能找到回来的路。"

又有人说，"这些马都很年轻，不可能

---

6 匈奴　　　Xiōngnú – the Huns, a nomadic warring people of central Asia

rènshi lù, zhēn dǎoméi!"

Kěshì lǎorén shuō, "Wǒmen shuí dōu zhīdào zhè shì bu shì èyùn?"

Lǎorén de érzi hěn dānxīn, tā juédìng gēn fùqīn qù suànmìng. Tāmen yìqǐ qù jiàn le yí wèi zhù zài hěn yuǎn de yì tiáo xiǎolù shàng de suànmìng xiānsheng. Tāmen qǐng suànmìng xiānsheng gěi tāmen kàn miànxiàng.

Suànmìng xiānsheng kànzhe lǎorén, gàosu tā, "Nǐ de bízi bù gāo, nǐ de ěrduo bú dà yě bù xiǎo, nǐ de yǎnjing hēihēi de. Guò jǐ gè yuè nǐ huì dédào bàoyìng de! Sānbǎi wén, xièxie."

Tāmen fù le qián jiù huí jiā le. Tāmen yǒudiǎnr bù gāo

认识路，真倒霉！”

可是老人说，“我们谁都知道这是不是厄运？”

老人的儿子很担心，他决定跟父亲去算命。他们一起去见了一位住在很远的一条小路上的算命先生。他们请算命先生给他们看面相[7]。

算命先生看着老人，告诉他，“你的鼻子不高，你的耳朵不大也不小，你的眼睛黑黑的。过几个月你会得到报应的！三百文[8]，谢谢。”

他们付了钱就回家了。他们有点儿不高

---

[7] 面相　　　　miàn xiàng – face reading, a traditional Chinese practice that interprets a person's character, personality, and future health based on their facial features

[8] 文　　　　wén – an ancient Chinese coin, also a measure word for coins

xìng, dànshì zhè jiùshì tāmen de mìngyùn, néng

zěnme bàn ne? Rán'ér jǐ gè yuè zhīhòu, nàxiē mǎ hé

qítā de mǎ cóng Xiōngnú de dìtǔ huílái le. Xiànzài

lǎorén de mǎ bǐ yǐqián gèng duō le. Dàjiā dōu lái

zhùhè tā. Měi gè rén dōu shuō, "Nǐmen zhēn xìngyùn

a!"

Kěshì nà wèi lǎorén shuō, "Shuí zhīdào zhè bú huì shì

èyùn ne?"

Lǎorén de érzi juédìng zài gēn tā fùqīn qù zhǎo

suànmìng xiānsheng. Zhè cì, tāmen yìqǐ qù le sìmiào

jiàn shǒuxiàng dàshī. Shǒuxiàng dàshī yí kàn lǎorén

érzi de shǒu jiù shuō, "Nǐ de shǒuzhǐ bú dà yě bù

xiǎo, dàn nǐ shǒu de gǎnqíngxiàn hěn duǎn, nǐ shǒu

de cáiyùnxiàn yě hěn duǎn. Xīnnián shí nǐ hé nǐ de

jiārén huì tūrán dédào hěn duō qián, dàn zhīhòu huì

shīqù yíqiè. Rán'ér nǐ de mìngyùnxiàn hěn

兴，但是这就是他们的命运，能怎么办呢？然而几个月之后，那些马和其他的马从匈奴的地土回来了。现在老人的马比以前更多了。大家都来祝贺他。每个人都说，"你们真幸运啊！"

可是那位老人说，"谁知道这不会是厄运呢？"

老人的儿子决定再跟他父亲去找算命先生。这次，他们一起去了寺庙见手相大师[9]。手相大师一看老人儿子的手就说，"你的手指不大也不小，但你手的感情线很短，你手的财运线也很短。新年时你和你的家人会突然得到很多钱，但之后会失去一切。然而你的命运线很

---

[9]手相大师　　shǒuxiàng dàshī – palm reader, fortune teller

duǎn! Xiǎoxīn yìdiǎn, nǐ de mìngyùn yǐjīng zhùdìng
de! Nǐ huì bèi shēnghuó yā kuǎ! Sìbǎi wǔshí wén,
xièxie."

Tāmen fù le qián, huí jiā xiǎng le yì xiǎng shǒuxiàng
dàshī shuō de huà. Tāmen bù zhīdào gāi zuò shénme.
Tā de érzi yuè lái yuè shīwàng. Dànshì, zhè jiùshì tā
de mìngyùn, tā néng zěnme bàn ne?

Lǎorén yǒu hěn duō hǎo mǎ. Lǎorén de érzi hěn
xǐhuan qímǎ. Yǒu yì tiān érzi qù qímǎ, cóng mǎ shàng
diào le xiàlái, bèi mǎ yāshāng le tuǐ.

Dàjiā dōu shuō, "Zhēn dǎoméi a!"

Kěshì, lǎorén yòu shuō, "Shuí zhīdào zhè bú huì shì
hǎoyùn ne?"

Lǎorén de érzi juédìng zài qù jiàn yí cì suànmìng
xiānsheng,

短！小心一点，你的命运已经注定的！你会被生活压垮！四百五十文，谢谢。"

他们付了钱，回家想了一想手相大师说的话。他们不知道该做什么。他的儿子越来越失望。但是，这就是他的命运，他能怎么办呢？

老人有很多好马。老人的儿子很喜欢骑马。有一天儿子去骑马，从马上掉了下来，被马压伤了腿。

大家都说，"真倒霉啊！"

可是，老人又说，"谁知道这不会是好运呢？"

老人的儿子决定再去见一次算命先生，

kěshì lǎorén méi qù. Suànmìng xiānsheng shuō, "Wǒ míngbai le! 'Zhòng guā dé guā, zhòng dòu dé dòu.' Nǐ huì yùdào dà máfan! Qítā rén dōu huì dédào yí gè fēicháng zhòngyào de jīhuì, dàn nǐ què bú huì, wǔbǎi wén, xièxie."

Lǎorén de érzi fù le qián jiù huí jiā le. Tā hěn nánguò, dànshì zhè jiùshì tā de mìngyùn, tā néng zuò shénme ne? Tā juédìng xiāngxìn tiānyì.

Yì nián hòu, Xiōngnú rùqīn le Zhōngguó, suǒyǒu shēntǐ jiànkāng de nánrén dōu qù cānjiā zhànzhēng. Lǎorén de érzi yīnwèi tuǐ bèi mǎ yāshāng méi bànfǎ qù. Dàduōshù cānjiā zhànzhēng de rén dōu sǐ le. Dànshì yīnwèi tā érzi méi qù, suǒyǐ tā déjiù le.

Yīncǐ sàiwēng shīmǎ de gùshi gàosu wǒmen, hěn nán shuō

可是老人没去。算命先生说，"我明白了！'种瓜得瓜，种豆得豆[10]'。你会遇到大麻烦！其他人都会得到一个非常重要的机会，但你却不会，五百文，谢谢。"

老人的儿子付了钱就回家了。他很难过，但是这就是他的命运，他能做什么呢？他决定相信天意。

一年后，匈奴入侵了中国，所有身体健康的男人都去参加战争。老人的儿子因为腿被马压伤没办法去。大多数参加战争的人都死了。但是因为他儿子没去，所以他得救了。

因此**塞翁失马**的故事告诉我们，很难说

---

[10] Literally, "if you plant melons you'll get melons, if you plant beans you'll get beans." In other words, you reap what you sow.

dàodǐ shénme shì hǎoyùn, shénme shì èyùn. Rén de

zhēnzhèng mìngyùn shì hěn nán zhīdào de. Yǒu

shíhou èyùn yě shì hǎoyùn, hǎoyùn yěshì èyùn.

Mìngyùn wúcháng de yìsi jiùshì mìngyùn hěn nán

yùcè. Zhè zhǒng qíngkuàng huì yǒngyuǎn jìxù xiàqù,

suǒyǐ méiyǒu rén zhēnzhèng lǐjiě tā.

到底什么是好运，什么是厄运。人的真正命运是很难知道的。有时候厄运也是好运，好运也是厄运。**命运无常**[11]的意思就是命运很难预测。这种情况会永远继续下去，所以没有人真正理解它。

---

[11] 命运无常　mìng yùn wú cháng –a commonly used phrase meaning "destiny is unpredictable."

8.

马马虎虎

Mǎ Mǎ Hū Hū

Horse Horse Tiger Tiger

This tale warns the reader not to be careless, sloppy, or lazy. This can have drastic consequences, severely affecting your own life and the lives of others, possibly forever. At first, the painter is simply careless and sloppy, but in the end, he loses the most precious things of all.

Hěn jiǔ yǐqián, yǒu yí wèi huàjiā. Tā zhù zài yí gè xiǎo chéngshì lǐ. Tā tiāntiān qù sìmiào shàngxiāng bàifó. Tā xǐhuan kàn sìmiào qiáng shàng de huà. Sìmiào qiáng shàng yǒu yì fú hěn piàoliang de huàzhe lóng de huà. Dànshì nà fú huà méiyǒu yǎnjing. Tā xiǎng, "Huàjiā zhēn de yīnggāi huàlóng diǎn jīng."

Nàge rén xǐhuan huà lóng hé mǎ, kěshì tā zuì xǐhuan huà de shì lǎohǔ. Tā shì yí wèi yōuxiù de huàjiā, dàn tā bú rènzhēn huàhuà. Tā hěn lǎn, bùxiǎng huā hěn duō lìqi qù huàhuà. Tā yě bú tài huì zuò shēngyì. Tā yùnqi bù hǎo, shēngyì hěn chà, mài bù chūqù tā de huà. Búguò, yǒu yì tiān, yí wèi kèrén láidào tā de huàdiàn.

Huàjiā shuō, "Nín hǎo! Huānyíng guānglín!"

Kèrén huídá shuō, "Nǐ hǎo, nǐmen de huà hěn piàoliang. Duōshǎo qián yì fú?"

很久以前，有一位画家。他住在一个小城市里。他天天去寺庙上香拜佛。他喜欢看寺庙墙上的画。寺庙墙上有一幅很漂亮的画着龙的画。但是那幅画没有眼睛。他想，"画家真的应该**画龙点睛**。"

那个人喜欢画龙和马，可是他最喜欢画的是老虎。他是一位优秀的画家，但他不认真画画。他很懒，不想花很多力气去画画。他也不太会做生意。他运气不好，生意很差，卖不出去他的画。不过，有一天，一位客人来到他的画店。

画家说，"您好！欢迎光临！"

客人回答说，"你好，你们的画很漂亮。多少钱一幅？"

"Zhè yào kàn. Nín xiǎng mǎi shénme yàng de huà? Yǒu lóng de huà zuì guì, yì fú wǔbǎi wén."

"Nà mǎ hé hǔ de huà zěnme mǎi ne?"

"Mǎ hé hǔ de huà jiàgé bù yíyàng. Měi fú sānbǎi wén."

"Nǐ kěyǐ gěi wǒ gèng dī yìdiǎn de jiàgé ma? Měi fú yǒu mǎ de huà liǎngbǎi wén, hǎo ma?"

Huàjiā hěn shēngqì de huídá shuō, "Shénme? Zhèlǐ búshì shìchǎng, nǐ bùnéng tán jiàgé."

Kèrén shuō, "Zhēn de ma? Suàn le ba, nà wǒ zǒu le."

Huàjiā hěn xiǎng bǎ huà mài diào, suǒyǐ tā huídá, "Děng yíxià, hǎo ba, hǎo ba, yì fú huà liǎngbǎi qīshí wén? Xíng bu xíng?"

"这要看。您想买什么样的画？有龙的画最贵，一幅五百文。"

"那马和虎的画怎么买呢？"

"马和虎的画价格不一样。每幅三百文。"

"你可以给我更低一点的价格吗？每幅有马的画两百文，好吗？"

画家很生气地回答说，"什么？这里不是市场，你不能谈价格。"

客人说，"真的吗？算了吧，那我走了。"

画家很想把画卖掉，所以他回答，"等一下，好吧，好吧，一幅画两百七十文？行不行？"

Nà wèi kèrén hěn xiǎoqì. Tā huídá shuō, "Liǎngbǎi liùshí wén, xíng ma?"

Huàjiā huídá shuō, "Hǎo ba."

Kèrén hěn kuài de fù le sānbǎi wén.

Huàjiā huídá shuō, "Fēicháng xièxie nín. Zhǎo nín sìshí wén. Liǎng gè xīngqī yǐhòu lái qǔ nín de huà."

Huàjiā hěn gāoxìng tā mài chūqù le yì fú huà, dàn tā méiyǒu rènzhēn huà. Jǐ gè xīngqī yǐhòu kèrén guòlái le. Huàjiā gěi kèrén kàn tā huà de mǎ. Dànshì dāng kèrén kàndào tā de huà shí hěn chījīng. Tā yǐwéi tā mǎi de shì yì fú mǎ de huà, kěshì, huà lǐ de dòngwù yǒu mǎ de tóu, lǎohǔ de shēntǐ, fēicháng qíguài!

Kèrén shuō, "Wǒ bù míngbai, wǒ mǎi de shì yì fú mǎ de huà, búshì ma?"

那位客人很小气。他回答说，"两百六十文，行吗？"

画家回答说，"好吧。"

客人很快地付了三百文。

画家回答说，"非常谢谢您。找您四十文。两个星期以后来取您的画。"

画家很高兴他卖出去了一幅画，但他没有认真画。几个星期以后客人过来了。画家给客人看他画的马。但是当客人看到他的画时很吃惊。他以为他买的是一幅马的画，可是，画里的动物有马的头、老虎的身体，非常奇怪！

客人说，"我不明白，我买的是一幅马的画，不是吗？"

Huàjiā huídá shuō, "Shì de."

"Kěshì, zhè búshì yì pǐ mǎ, zhè shì yì zhī 'mǎhǔ'."

Huàjiā lǎnlǎn de huídá shuō, "Mǎ, mǎ, hǔ, hǔ, yǒu shénme bùtóng?"

Kèrén huídá dào, "Yǒu shénme bùtóng? Wánquán bùtóng. Mǎ jiùshì mǎ, lǎohǔ jiùshì lǎohǔ."

Huàjiā shuō, "Hāhā, hěn kěxiào. Yì kāishǐ nǐ bùxiǎng huā hěn duō qián, dànshì nǐ yòu xiǎng yào hěn wánměi de huà. Mǎ hé hǔ chàbuduō shì yíyàng de."

Kèrén shuō, "Wǒ de tiān a! Nǐ jiùshì zhèyàng zuò shēngyì de a? Suàn le ba. Wǒ zǒu le."

Kèrén zǒu le yǐhòu huàjiā bù zhīdào gāi zěnme bàn. Tā de huà méi mài chūqù, suǒyǐ tā bǎ huà fàng zài tā de kè

画家回答说，"是的。"

"可是，这不是一匹马，这是一只'马虎'。"

画家懒懒地回答说，"马，马，虎，虎，有什么不同？"

客人回答道，"有什么不同？完全不同。马就是马，老虎就是老虎。"

画家说，"哈哈，很可笑。一开始你不想花很多钱、但是你又想要很完美的画。马和虎差不多是一样的。"

客人说，"我的天啊！你就是这样做生意的啊？算了吧。我走了。"

客人走了以后画家不知道该怎么办。他的画没卖出去，所以他把画放在他的客

tīng qiáng shàng. Jǐ gè xīngqī hòu de yí gè zǎoshang, tā de xiǎo érzi láidào kètīng, wèn tā, "Bà, zhè shì shénme huà?"

Zhège huàjiā huídá shuō, "Zhè shì yì fú lǎohǔ de huà."

Xiàwǔ, tā de zhǎngzǐ láidào kètīng, yě wèn tā, "Bà, nà shì shénme huà?"

Tā yòu huídá shuō, "Nà shì yì fú mǎ de huà."

Tā xiǎo érzi dì'èr tiān qù línjū jiā kàn péngyou. Tā de péngyou hěn yǒu qián, tāmen jiā yǒu māo, yǒu gǒu, hái yǒu yì pǐ hěn dà, hěn guì de mǎ. Nà tiān xiàwǔ tā péngyou gěi tā kàn tā de mǎ.

Xiǎo érzi yí kàndào mǎ jiù shuō, "A! Xiǎoxīn! Nà búshì mǎ, nà shì lǎohǔ!"

厅墙上。几个星期后的一个早上，他的小儿子来到客厅，问他，"爸，这是什么画？"

这个画家回答说，"这是一幅老虎的画。"

下午，他的长子来到客厅，也问他，"爸，那是什么画？"

他又回答说，"那是一幅马的画。"

他小儿子第二天去邻居家看朋友。他的朋友很有钱，他们家有猫，有狗，还有一匹很大、很贵的马。那天下午他朋友给他看他的马。

小儿子一看到马就说，"啊！小心！那不是马，那是老虎！"

Ránhòu xiǎo érzi shāsǐ le tā péngyou de mǎ. Nà pǐ mǎ hěn guì. Huàjiā bùdébù péi le hěn duō qián gěi tā érzi de péngyou jiā.

Yí gè yuè yǐhòu, tā de zhǎngzǐ qù páshān. Tā páshān, pá dào shāndǐng de shíhou, zhǐshì zǒumǎ kànhuā de kàn le yì yǎn shāndǐng de fēngjǐng jiù xiǎng xiūxi, dànshì, bù xiǎoxīn, pèngdào le yì zhī lǎohǔ. Tā yǐwéi tā shì yì pǐ mǎ, suǒyǐ shìzhe qí tā. Dàn tā bèi lǎohǔ yǎosǐ le. Huàjiā fēicháng shāngxīn!

Cóngcǐ, láizì sìmiàn bāfāng de rénmen dōu tīngshuō le mǎhu huàjiā de gùshi, dàjiā dōu jiào tā māmǎ hūhū xiānsheng. Suǒyǐ cóngcǐ māmǎ hūhū jiù yòng lái xíngróng zuòshì hěn bú rènzhēn de rén.

然后小儿子杀死了他朋友的马。那匹马很贵。画家不得不赔了很多钱给他儿子的朋友家。

一个月以后，他的长子去爬山。他爬山，爬到山顶的时候，只是**走马看花**地看了一眼山顶的风景就想休息，但是，不小心，碰到了一只老虎。他以为它是一匹马，所以试着骑它。但他被老虎咬死了。画家非常伤心！

从此，来自四面八方的人们都听说了马虎画家的故事，大家都叫他**马马虎虎**先生。所以从此**马马虎虎**就用来形容做事很不认真的人。

9.

好好先生

Hǎo Hǎo Xiānsheng

Mister Good Good

This tale's weak central character, Mr. Good Good, only aims to please all those around him. He is a yes-man who has no backbone and takes no stance on anything. In the end, he loses friendships. However, ironically, he loses his friendships as a result of the very characteristic he hoped would gain him popularity. It warns us not to be too fawning, otherwise we may lose relationships because of inauthenticity.

Cóngqián, yǒu yí gè rén jiào Sīmǎ Huī. Sīmǎ Huī chángcháng xǐhuan qù shìchǎng mǎi dōngxi. Měi gè yuè tā dōu qù cài shìchǎng, yú shìchǎng, huā shìchǎng, shuǐguǒ shìchǎng, hé yù shìchǎng. Tā měitiān zǎoshang qù zǎoshì chī zǎofàn, wǎnshang qù yèshì mǎi xiǎochī.

Yǒu yì tiān tā zài cài shìchǎng lǐ mǎi dòufu shí, tīngdào yí gè liúlànghàn dàshēng shuō, "Wǒmen guójiā de zhèngfǔ yǒu wèntí, tài fǔbài le!"

Ránhòu nàge rén jiù bèi jǐngchá dàizǒu le.

Dì'èr tiān Sīmǎ Huī zài shuǐguǒ shìchǎng mǎi shuǐguǒ shí, tā kàndào yí gè kèrén kànbuqǐ nàlǐ de shuǐguǒ. Tā shuō, "Lǎobǎn, nǐmen de shuǐguǒ hěn nánchī! Méiyǒu shénme wèidào!"

Mài shuǐguǒ de rén bǎ tā gǎn le chūqù. Jǐ fēnzhōng yǐhòu lìngwài yí gè kèrén lái le, shìchī le shuǐguǒ. Ránhòu tā

从前，有一个人叫司马徽。司马徽常常喜欢去市场买东西。每个月他都去菜市场、鱼市场、花市场、水果市场、和玉市场。他每天早上去早市吃早饭，晚上去夜市买小吃。

有一天他在菜市场里买豆腐时，听到一个流浪汉大声说，"我们国家的政府有问题，太腐败了！"

然后那个人就被警察带走了。

第二天司马徽在水果市场买水果时，他看到一个客人看不起那里的水果。他说，"老板，你们的水果很难吃！没有什么味道！"

卖水果的人把他赶了出去。几分钟以后另外一个客人来了试吃了水果。然后他

shuō, "Lǎobǎn, nǐmen zhèlǐ de shuǐguǒ hǎo hǎochī! Hǎo tián a!"

Mài shuǐguǒ de rén tīng le hěn gāoxìng, jiù sòng gěi kèrén jǐ gè miǎnfèi de píngguǒ. Sīmǎ Huī zài pángbiān kàndào le zhè yíqiè, tā xiǎng, "Yǒu yìsi, hǎoxiàng dàjiā dōu zhǐ xiǎng tīng hǎohuà, bùxiǎng tīng huàihuà. Nà cóng xiànzài kāishǐ, wǒ jiù zhǐ shuō hǎohuà!"

Dì'èr tiān, yǒu yí gè péngyou dào Sīmǎ Huī jiā lái kàn tā. Tāmen zài kètīng lǐ yìbiān hē chá, yìbiān liáotiān. Tā de péngyou wèn tā, "Nǐ zuìjìn hǎo ma?"

Sīmǎ Huī hěn gāoxìng de huídá shuō, "Hǎo, hǎo!"

Tā de péngyou jìxù shuō, "Nǐ zhīdào ma, xià zhōu, wǒmen yào bān dào zhè fùjìn. Wǒ huì chéngwéi nǐ de línjū, zhēn xìngyùn a!"

说，"老板，你们这里的水果好好吃！好甜啊！"

卖水果的人听了很高兴，就送给客人几个免费的苹果。<u>司马徽</u>在旁边看到了这一切，他想，"有意思，好像大家都只想听好话，不想听坏话。那从现在开始，我就只说好话！"

第二天，有一个朋友到<u>司马徽</u>家来看他。他们在客厅里一边喝茶，一边聊天。他的朋友问他，"你最近好吗？"

<u>司马徽</u>很高兴地回答说，"好，好！"

他的朋友继续说，"你知道吗，下周，我们要搬到这附近。我会成为你的邻居，真幸运啊！"

Sīmǎ Huī hěn gāoxìng de huídá shuō, "Hǎo, hǎo!"

Ránhòu tā de péngyou tūrán kāishǐ kū le qǐlái. Tā hěn
shāngxīn de shuō, "Qíshí, Sīmǎ Huī, wǒ yào gàosu nǐ.
Wǒ de érzi jīnnián sǐ le, wǒ hěn tòngkǔ."

Sīmǎ Huī yòu hěn gāoxìng, hěn suíbiàn de huídá
shuō, "Hǎo, hǎo!"

Tā de péngyou hěn shēngqì de shuō, "Shénme? Nǐ
méi tīng qīngchu ma? Wǒ érzi sǐ le. Nǐ wèishénme
duì shénme shì dōu huídá 'hǎo, hǎo!' ne? Zhēn qì sǐ
rén le!"

Sīmǎ Huī xiǎng le xiǎng, ránhòu háishì hěn suíbiàn de
huídá shuō, "Hǎo, hǎo!"

Tā de péngyou shēngqì de hǎndào, "Wǒ zǒu le!"

Tā péngyou qǐshēn líkāi. Sīmǎ Huī hútú le. Suīrán

司马徽很高兴地回答说，"好，好！"

然后他的朋友突然开始哭了起来。他很伤心地说，"其实，司马徽，我要告诉你。我的儿子今年死了，我很痛苦。"

司马徽又很高兴、很随便地回答说，"好，好！"

他的朋友很生气地说，"什么？你没听清楚吗？我儿子死了。你为什么对什么事都回答'好，好！'呢？真气死人了！"

司马徽想了想，然后还是很随便地回答说，"好，好！"

他的朋友生气地喊道，"我走了！"

他朋友起身离开。司马徽糊涂了。虽然

tā duì tā de péngyou gǎndào hěn bàoqiàn, kěshì tā
háishì bùxiǎng shuō huàihuà, zhǐ xiǎng shuō hǎohuà.
Zuìhòu, tā qíshí wánquán shì wú huà kě shuō.

Dàjiā tīngdào Sīmǎ Huī de gùshi yǐhòu, juéde bù
yīnggāi zài jiào tā Sīmǎ Huī, yīnggāi jiào tā "hǎohǎo
xiānsheng."

他对他的朋友感到很抱歉，可是他还是不想说坏话，只想说好话。最后，他其实完全是无话可说[12]。

大家听到司马徽的故事以后，觉得不应该再叫他司马徽，应该叫他"**好好先生**。"

---

[12] 无话可说　wú huà kě shuō – a common phrase meaning "unable to say anything," to be speechless

10.

和尚过河

Hé Shang Guò Hé

Monks Cross River

This is a Zen Buddhist story, not technically a chengyu, about stepping outside the norms of religious and social propriety. It cautions not to judge others before first letting go of one's own shortcomings, mental baggage, and hypocrisy. It also reminds us to stay in the here and now, and it is a metaphor for not carrying one's baggage from the past into the sacred present.

Hěn jiǔ yǐqián, yí wèi lǎo héshang hé yí wèi niánqīng héshang yìqǐ lǚxíng. Tāmen gāng cóng Sīchóu Zhī Lù huílái. Zài Sīchóu Zhī Lù shàng, tāmen rènshi le yí wèi jiào Xuánzàng de hěn yǒumíng de héshang. Tāmen hái rènshi le yì zhī jiào Sūn Wùkōng de fánrén de hóuzi. Xuánzàng jiāo tāmen zěnme dǎzuò, jiāo tāmen zěnme qù xiāngxìn fó. Dànshì Sūn Wùkōng shénme dōu méi jiāo tāmen. Nà liǎng wèi héshang dài le hěn duō fójīng huí Zhōngguó.

Yǒu yì tiān, tāmen lǚxíng láidào le yì tiáo hébiān. Héshuǐ hěn shēn, liú de hěn kuài. Dāng héshangmen zhǔnbèi guò hé shí, tāmen kàndào le yí gè niánqīng měilì de nǚrén yě zài zhǔnbèi guò hé. Tā chuān le yì tiáo lánsè de qúnzi,

很久以前，一位老和尚和一位年轻和尚一起旅行。他们刚从丝绸之路[13]回来。在丝绸之路上，他们认识了一位叫玄奘[14]的很有名的和尚。他们还认识了一只叫孙悟空[15]的烦人的猴子。玄奘教他们怎么打坐，教他们怎么去相信佛。但是孙悟空什么都没教他们。那两位和尚带了很多佛经回中国。

有一天，他们旅行来到了一条河边。河水很深，流得很快。当和尚们准备过河时，他们看到了一个年轻美丽的女人也在准备过河。她穿了一条蓝色的裙子，

---

[13] 丝绸之路   sī chóu zhī lù – The Silk Road, an ancient trade route trading spices, silk, goods that ran from China to Rome

[14] 玄奘   xuán zàng – Xuanzang (602–664), the famous Tang dynasty Buddhist monk and translator who traveled to India from 629 to 645, and whose travels inspired the novel *Journey to the West*

[15] 孙悟空   sūn wù kōng – Sun Wukong, the Monkey King, a character with supernatural powers also in *Journey to the West*

dài le yì dǐng huángsè de màozi, hái chuān le yì shuāng kāfēisè de xiézi. Tā yǒu yì zhāng guāzǐ liǎn, yòu cháng yòu hēi de tóufa, xiǎo xiǎo de bízi, hóng hóng de zuǐba, bú dà yě bù xiǎo de yǎnjing, hái yǒu xiǎo xiǎo de ěrduo. Tā shēnshang hái dài zhe yí gè húlu.

Tā kàndào héshang jiù wèn, "Qǐngwèn shīfumen, nǐmen néng bu néng bāngzhù wǒ guò hé? Shuǐ liú de hěn kuài, wǒ bù zhīdào zěnme guò hé, wǒ yě méiyǒu chuán."

Niánqīng de héshang bù zhīdào gāi shuō shénme. Tā duì lǎo héshang shuō, "Tā shì nǚrén. Wǒmen bù kěyǐ pèng tā. Wǒ yě bù xiāngxìn tā! Yěxǔ tā shì yí gè yāoguài!"

Niánqīng héshang duì nǚrén shuō, "Nǐ húlu lǐ mài de shénme yào?"

戴了一顶黄色的帽子，还穿了一双咖啡色的鞋子。她有一张瓜子脸，又长又黑的头发，小小的鼻子，红红的嘴巴，不大也不小的眼睛，还有小小的耳朵。她身上还带着一个葫芦。

她看到和尚就问，"请问师父们，你们能不能帮助我过河？水流得很快，我不知道怎么过河，我也没有船。"

年轻的和尚不知道该说什么。他对老和尚说，"她是女人。我们不可以碰她。我也不相信她！也许她是一个妖怪！"

年轻和尚对女人说，"你葫芦里卖的什么药¹⁶？"

---

¹⁶ 你葫芦里卖的什么药？ nǐ húlu lǐ mài de shénme yào – literally "what medicine is sold in your gourd?" and understood as "what are you selling?" or "what do you have up your sleeve?"

Tā huídá shuō, "Wǒ ma? Méiyǒu, wǒ zhǐ xiǎng guò hé, qǐng bāngbang wǒ."

Tīngdào zhè jù huà, lǎo héshang mǎshàng bǎ nàge piàoliang de nǚrén bào qǐlái, bēizhe tā guò le hé, qīngqīng de bǎ tā fàng zài hé de lìng yì biān. Ránhòu nǚrén jiù líkāi le. Tāmen yòu jìxù tāmen de lǚxíng.

Niánqīng de héshang bù gǎn xiāngxìn gānggāng fāshēng de shìqing. Jǐ gè xiǎoshí hòu, tā zhōngyú wèn chūlái, "Nǐ gāngcái zài gàn shénme? Wǒmen xiāngxìn Fójiào, búshì ma? Fójiào de héshang shì bù yǔnxǔ pèng nǚrén de. Héshang guò hé zěnme huì shì zhèyàng de? Nǐ zěnme néng bēi tā guò hé ne?"

Lǎo héshang kàn le tā yì yǎn, huídá shuō, "Wǒ zhīdào

她回答说，"我吗？没有，我只想过河，请帮帮我。"

听到这句话，老和尚马上把那个漂亮的女人抱起来，背着她过了河，轻轻地把她放在河的另一边。然后女人就离开了。他们又继续他们的旅行。

年轻的和尚不敢相信刚刚发生的事情。几个小时后，他终于问出来，"你刚才在干什么？我们相信佛教，不是吗？佛教的和尚是不允许碰女人的。和尚过河怎么会是这样的？你怎么能背她过河呢？"

老和尚看了他一眼，回答说，"我知道

wǒmen xìn fó. Wǒ zǎo yǐjīng bǎ tā fàng zài hé de lìng yì biān le, dànshì nǐ wèishénme hái zài bēizhe tā ne?"

Niánqīng de héshang wú huà kě shuō.

我们信佛。我早已经把她放在河的另一边了，但是你为什么还在背着她呢？"

年轻的和尚无话可说。

11.

井底之蛙

Jǐng Dǐ Zhī Wā

The Frog in the Well

This chengyu tells the tale of an ignorant frog. He loves his own home environment, but his ignorance is bliss. His perspective is as narrow as his well. If all one knows is one's provincial environment, one's perspective is bound to be limited. The story teaches us that we need to venture out of our comfort zone to gain a broader perspective.

Hěn jiǔ yǐqián, zài yí gè hěn shēn de jǐng dǐ, zhùzhe yì zhī qīngwā. Suīrán zhè kǒu jǐng yòu shēn yòu hēi, dànshì qīngwā hěn ài zhè kǒu jǐng. Zhè jiùshì tā de jiā. Qīngwā yě xǐhuan yǒu kèrén lái. Kèrén lái de shíhou, tā jīngcháng hé kèrénmen zài kètīng lǐ yìqǐ hē chá, liáotiān. Qīngwā cónglái méiyǒu líkāi guò jǐng, dànshì tā duì zìjǐ zài jǐng dǐ de shēnghuó hěn mǎnyì.

Yǒu yì tiān, yì zhī hǎiguī zǒu dào jǐng biān. Tā dītóu yí kàn, kàndào jǐng dǐ de qīngwā, tǎng zài shuǐ shàng, hēzhe jiǔ. Hǎiguī shuō, "Nín hǎo!"

Qīngwā táitóu kànzhe tā, shuō, "Nín hǎo, qǐngwèn, nín guìxìng?"

Hǎiguī huídá shuō, "Wǒ xìng Wáng, jiào Jīngzhēn. Nín ne, nín guìxìng?"

Qīngwā shuō, "Wǒ xìng Lǐ, jiào Qīngmèng. Hěn gāoxìng rèn

很久以前，在一个很深的井底，住着一只青蛙。虽然这口井又深又黑，但是青蛙很爱这口井。这就是它的家。青蛙也喜欢有客人来。客人来的时候，它经常和客人们在客厅里一起喝茶、聊天。青蛙从来没有离开过井，但是它对自己在井底的生活很满意。

有一天，一只海龟走到井边。它低头一看，看到井底的青蛙，躺在水上，喝着酒。海龟说，"您好！"

青蛙抬头看着它，说，"您好，请问，您贵姓？"

海龟回答说，"我姓王，叫<u>晶真</u>。您呢，您贵姓？"

青蛙说，"我姓李，叫<u>青梦</u>。很高兴认

shi nín! Qǐng jìn, qǐng zuò, qǐng hē chá."

Hǎiguī yào xià jǐng hē chá, dànshì jǐngkǒu tài zhǎi le, tā bùnéng dòng, xià bu qù, zhēn dǎoméi. Hǎiguī zhǐ néng liú zài jǐngkǒu pángbiān shuō, "Hǎo de, xièxie nín! Rènshi nín wǒ yě hěn gāoxìng!"

Qīngwā shuō, "Nín xiǎng hē hóngchá háishi lǜchá?"

Hǎiguī huídá shuō, "Wǒ xiǎng hē yì bēi lǜchá, xièxie."

Qīngwā shuō, "Búyòng xiè, dàn zhēn de bàoqiàn! Jǐngkǒu tài zhǎi le, nín bùnéng xiàlái kànkan shìjiè shàng zuì hǎo de jǐng le."

Hǎiguī chījīng de huídá shuō, "Nín de jǐng kàn qǐlái yòu dà yòu piàoliang, dànshì, nín de jǐng zhēnshì shìjiè shàng zuì hǎo de dìfāng ma?"

识您！请进，请坐，请喝茶。"

海龟要下井喝茶，但是井口太窄了，它不能动，下不去，真倒霉。海龟只能留在井口旁边说，"好的，谢谢您！认识您我也很高兴！"

青蛙说，"您想喝红茶还是绿茶？"

海龟回答说，"我想喝一杯绿茶,谢谢。"

青蛙说，"不用谢，但真的抱歉！井口太窄了，您不能下来看看世界上最好的井了。"

海龟吃惊地回答说，"您的井看起来又大又漂亮，但是，您的井真是世界上最好的地方吗？"

Qīngwā mǎshàng shuō, "Nà dāngrán le! Wǒ de jǐng zuì shūfu, zuì ānjìng."

Hǎiguī shuō, "Nín de jǐng hái búcuò, dànshì, nín yí cì dōu méiyǒu líkāi guò tā, duì ba?"

Qīngwā dào, "Duì, zěnme le?"

Hǎiguī shuō, "Nín zhēn yīnggāi qù kànkan dàhǎi hé fēngjǐng, kànkan huā, kànkan shān, kànkan hé, kànkan sēnlín, kànkan shìjiè!"

Qīngwā shuō, "Shìjiè yǒu shénme hǎokàn de ne? Wǒ zài zhèlǐ hěn shūfu."

Hǎiguī huídá shuō, "Shūfu shì shūfu, kěshì nín cónglái méi chūqù guò, zěnme zhīdào wàimiàn de shìjiè shì shénme yàng de? Nín bù yīnggāi wùlǐ kànhuā. Nín de kàn

青蛙马上说，"那当然了！我的井最舒服，最安静。"

海龟说，"您的井还不错，但是，您一次都没有离开过它，对吧？"

青蛙道，"对，怎么了？"

海龟说，"您真应该去看看大海和风景，看看花，看看山，看看河，看看森林，看看世界！"

青蛙说，"世界有什么好看的呢？我在这里很舒服。"

海龟回答说，"舒服是舒服，可是您从来没出去过，怎么知道外面的世界是什么样的？您不应该**雾里看花**[17]。您的看

---

[17] 雾里看花 wù lǐ kàn huā – literally, "to look at flowers through fog," to have a foggy perspective of something, to misperceive it as favorable.

117

fǎ gēn zhège jǐngkǒu yíyàng zhǎi!"

Qīngwā méi huídá, tā zhǐshì xiǎng le xiǎng. Dì'èr tiān tā juédìng líkāi zhè kǒu jǐng, qù kànkan shìjiè. Cóngcǐ jǐngdǐzhīwā zhège chéngyǔ bèi yòng lái xíngróng xiǎngfǎ hé jiànjiě xiázhǎi de rén.

法跟这个井口[18]一样窄！”

青蛙没回答，它只是想了想。第二天它决定离开这口井，去看看世界。从此**井底之蛙**这个成语被用来形容想法和见解狭窄的人。

12.

愚公移山

Yúgōng Yí Shān

Foolish Old Man Moves Mountain

This story teaches the importance of perseverance in following one's dreams regardless of naysayers. To truly accomplish great feats and dreams, one must work hard even throughout one's entire lifetime, to literally or figuratively move mountains.

Hěn jiǔ yǐqián, zài yí gè xiǎo shāncūn lǐ zhùzhe yí wèi jiǔshí jǐ suì de lǎorén. Tā tīng bù qīngchu, yě kàn bù qīngchu, érqiě tuǐ yě bù hǎo. Tā shuōhuà de shēngyīn yě hěn xiǎo. Dàjiā dōu yǐwéi tā shénme dōu bù dǒng. Tāmen yǐwéi tā hěn yúchǔn, suǒyǐ jiào tā Yúgōng.

Búguò, Yúgōng hěn huópō. Tā xǐhuan měitiān xuéxí xīn de dōngxi. Tā juéde rén yīnggāi huó dào lǎo, xué dào lǎo. Yúgōng de jiā mén qián yǒu liǎng zuò dàshān. Shānxià jiùshì yí gè gōngyuán. Yúgōng měitiān dōu xiàshān qù gōngyuán. Dàn tā bìxū fānguò nà liǎng zuò dàshān cái néng dào nàlǐ, hěn máfan.

Yúgōng xǐhuan xīngqī yī zǎoshang qù gōngyuán xiàqí, xīngqī èr zǎoshang qù dǎ tàijíquán, xīngqī sān xiàwǔ qù dǎ májiàng, xīngqī sì shàngwǔ qù guān niǎo, xīngqī wǔ xiàwǔ

很久以前，在一个小山村里住着一位九十几岁的老人。他听不清楚，也看不清楚，而且腿也不好。他说话的声音也很小。大家都以为他什么都不懂。他们以为他很愚蠢，所以叫他愚公。

不过，愚公很活泼。他喜欢每天学习新的东西。他觉得人应该活到老，学到老。愚公的家门前有两座大山。山下就是一个公园。愚公每天都下山去公园。但他必须翻过那两座大山才能到那里，很麻烦。

愚公喜欢星期一早上去公园下棋，星期二早上去打太极拳[19]，星期三下午去打麻将，星期四上午去观鸟，星期五下午

---

[19]太极拳　　tài jí quán – Tai Chi, a martial art and form of physical exercise

qù tiàowǔ, xīngqī liù xiàwǔ qù dǎ pīngpāngqiú, xīngqī rì xiàwǔ qù hē lǎorén chá. Yīnwèi tā shì lǎorén, suǒyǐ tā hěn xǐhuan hē lǎorén chá.

Yǒu yì tiān, tā zhǔnbèi qù gōngyuán kàn dòu xīshuài, chūmén shí, tā kànzhe nà liǎng zuò dàshān. Tā kàn le hěn jiǔ, xiǎngdào, "Nà liǎng zuò dàshān jiù zài wǒ jiā de mén qián, wǒ měitiān yào fānguò shān cái kěyǐ dào gōngyuán, dànshì xiǎng yào fānguò tāmen yào zǒu hěn jiǔ, tài lèi le!" Tā yìbiān zǒu yìbiān xiǎng, "Wǒ zhēn shòu bu liǎo nà liǎng zuò dàshān le, zěnme bàn?"

Yúgōng tūrán xiǎngdào, "Wǒ de tiān a, wǒ gāi bǎ shān yíkāi! Wǒ děi gàosu biérén, wǒ yào yí shān!"

去跳舞，星期六下午去打乒乓球，星期日下午去喝老人茶[20]。因为他是老人，所以他很喜欢喝老人茶。

有一天，他准备去公园看斗蟋蟀[21]，出门时，他看着那两座大山。他看了很久，想到，"那两座大山就在我家的门前，我每天要翻过山才可以到公园，但是想要翻过它们要走很久，太累了！"他一边走一边想，"我真受不了那两座大山了，怎么办？"

<u>愚公</u>突然想到，"我的天啊，我该把山移开！我得告诉别人，我要移山[22]！"

---

[20] 老人茶　　lǎo rén chá – "old people's tea," often referred to as gongfu tea. The traditional brewing process is time intensive, but in today's fast paced culture only the elderly take the time to prepare it.

[21] 斗蟋蟀　　dòu xī shuài – a gambling game popular in China where onlookers watch crickets fight

[22] 移山　　yí shān – literally "move mountains," to accomplish an insurmountable task

Jìrán tā yǐjīng juédìng le, tā jiù hěn kuài de zǒuxià

shān qù le huí dàole gōngyuán. Zài gōngyuán lǐ

kàndào dàjiā dōu zài hē chá chōuyān. Yúgōng duì

tāmen dǎ le gè zhāohu.

"Hēi, Yúgōng, nǐ hǎo!" tāmen huídá shuō.

Yúgōng shuō, "Wǒ juédìng míngtiān kāishǐ bǎ wǒ jiā

mén qián de nà liǎng zuò dàshān bānzǒu."

Dàjiā yì tīngdào zhè jù huà, jiù kāishǐ dàxiào qǐlái.

Tāmen shuō, "Lǎorén, nǐ gāng shuō le shénme? Wǒ

de mā a, nǐ zhēn kěxiào!"

Zhàn zài tā pángbiān de rén shuō, "Nǐ bù kěnéng

yíkāi nà liǎng zuò shān! Dì yī, nǐ tài lǎo le! Dì èr, yí gè

rén zěnme kěnéng yí shān?"

Yúgōng zhǐzhe tiān, hěn shēngqì de huídá dào, "Wǒ

kěndìng néng yí shān! Nǐmen děngzhe kàn ba!"

既然他已经决定了，他就很快地走下山去了回到了公园。在公园里看到大家都在喝茶抽烟。愚公对他们打了个招呼。

"嘿，愚公，你好！"他们回答说。

愚公说，"我决定明天开始把我家门前的那两座大山搬走。"

大家一听到这句话，就开始大笑起来。他们说，"老人，你刚说了什么？我的妈啊，你真可笑！"

站在他旁边的人说，"你不可能移开那两座山！第一，你太老了！第二，一个人怎么可能移山？"

愚公指着天，很生气地回答道，"我肯定能移山！你们等着看吧！"

Zhàn zài pángbiān de yí gè rén shuō, "Yéye, nǐ jiǔshí suì le. Yí gè jiànkāng de niánqīngrén yí bèizi dōu bù kěnéng yí shān, nǐ zěnme kěnéng chénggōng ne?"

Yúgōng huídá shuō, "Nǐmen háishì bù míngbai, jiù xiàng jǐngdǐzhīwā yíyàng. Wǒ yǒu ér sūn, wǒ de ér sūn yě huì yǒu tāmen de háizi. Yí bèi yí bèi dōu kěyǐ jìxù yí shān. Suǒyǐ, zǒng yǒu yì tiān wǒ huì chénggōng de!"

Shuō wán yǐhòu, tā hěn kuài jiù shàngshān huí jiā le.

Dì'èr tiān tā hěn zǎo qǐchuáng, dànshì méi qù gōngyuán, tā wèn tā de qīzi, "Wǒmen yǒu méiyǒu gǎo?"

Qīzi huídá shuō, "Yǒu a!"

Ránhòu tā náqǐ gǎo, dàizhe qīzi, zhǎngzǐ, nǚ'ér, hé xiǎo érzi, yìqǐ dào shān shàng gànhuó. Tāmen yì nián sìjì dōu zài nǔlì gànhuó, dàjiā dōu kànbuqǐ

站在旁边的一个人说，"爷爷，你九十岁了。一个健康的年轻人一辈子都不可能移山，你怎么可能成功呢？"

愚公回答说，"你们还是不明白，就像**井底之蛙**一样。我有儿孙，我的儿孙也会有他们的孩子。一辈一辈都可以继续移山。所以，总有一天我会成功的！"

说完以后，他很快就上山回家了。

第二天他很早起床，但是没去公园，他问他的妻子，"我们有没有镐？"

妻子回答说，"有啊！"

然后他拿起镐，带着妻子、长子、女儿，和小儿子，一起到山上干活。他们一年四季都在努力干活，大家都看不起

tā, rènwéi tā hěn kěxiào.

Dànshì yì tiān wǎnshang, Tiāndì cóng tiānshàng
kàndào le Yúgōng xīnkǔ gōngzuò dào hěn wǎn.
Yīnwèi tā zhīdào Yúgōng hěn nǔlì, érqiě hěn xiāngxìn
tiānyì, suǒyǐ juédìng bāngzhù tā wánchéng
mèngxiǎng. Tā wèi Yúgōng hé tā de jiārén yízǒu le
shān. Dì'èr tiān, dāng Yúgōng xǐng lái shí, tā zǒuchū
jiāmén, chījīng de fāxiàn nà liǎng zuò dàshān bújiàn
le. Shān bèi yízǒu le!

Dàjiā dōu zhīdào le zhè Yúgōng yí shān de shìqing.
Cóngcǐ méiyǒu rén zài shuō Yúgōng yúchǔn le. Qíshí
tā hěn cōngming, yīnwèi tā zhīdào, rúguǒ nǐ nǔlì
gōngzuò, nǔlì zhǎo nǐ de mèngxiǎng, nǐ jiù kěyǐ yí
shān!

他，认为他很可笑。

但是一天晚上，天帝从天上看到了愚公辛苦工作到很晚。因为他知道愚公很努力，而且很相信天意，所以决定帮助他完成梦想。他为愚公和他的家人移走了山。第二天，当愚公醒来时，他走出家门，吃惊地发现那两座大山不见了。山被移走了！

大家都知道了这愚公移山的事情。从此没有人再说愚公愚蠢了。其实他很聪明，因为他知道，如果你努力工作，努力找你的梦想，你就可以移山！

13.

守株待兔

Shǒu Zhū Dài Tù

Guard Tree Stump, Wait for Rabbit

This chengyu warns not to rely on a random stroke of good luck to attain success in life. It mocks the central figure, a poor farmer, who is expecting fate or luck to bring him food to eat. Rather than being passive, he should go out and earn his living and have ambition. It is a satirical tale, cautioning the reader not to be so foolish, entitled, and lazy.

Gǔ shíhou, yǒu yí gè nóngfū. Tā de shēnghuó měitiān dōu yíyàng. Zǎoshang wǔ diǎn jiù qǐchuáng, wǔ diǎn bàn xǐzǎo, liù diǎn shuāyá, liù diǎn bàn chī zǎofàn. Qī diǎn chī le zǎofàn yǐhòu, tā jiù qù gànhuó le.

Tā wǎnshang jiǔ diǎn bàn huí jiā chī wǎnfàn, shí diǎn xǐ wǎn, shí diǎn bàn kàn bàozhǐ, shíyī diǎn shuìjiào. Suīrán shēntǐ hǎo, dàn tā bù xǐhuan tiāntiān gànhuó. Tā juéde měitiān gànhuó hěn xīnkǔ, hěn wúqù. Tā yǒudiǎn lǎn.

Yǒu yì tiān, tiānqì hěn rè, tā zài tián lǐ gànhuó. Tūrán, tā kàndào yì zhī hěn qíguài de dòngwù pǎo guòlái. Tā juéde hǎoxiàng shì yì zhī māo, dàn búshì, yòu juéde hǎoxiàng shì yì zhī gǒu, dàn yě búshì. Tā kàn zǐxì shí le, cái zhīdào shì yì zhī tùzi! Tùzi guòlái de shíhou, pǎo de tài kuài le, dào shù xià shí xiàsǐ le. Nóngfū mǎshàng bǎ tùzi dài huí jiālǐ kǎo le, dà chī le yí dùn. Tā gāoxìng jí le! Tā kāishǐ xiǎng, "Tiān a!

古时候，有一个农夫。他的生活每天都一样。早上五点就起床，五点半洗澡，六点刷牙，六点半吃早饭。七点吃了早饭以后，他就去干活了。

他晚上九点半回家吃晚饭，十点洗碗，十点半看报纸，十一点睡觉。虽然身体好，但他不喜欢天天干活。他觉得每天干活很辛苦，很无趣。他有点懒。

有一天，天气很热，他在田里干活。突然，他看到一只很奇怪的动物跑过来。他觉得好像是一只猫，但不是，又觉得好像是一只狗，但也不是。他看仔细时了，才知道是一只兔子！兔子过来的时候，跑得太快了，到树下时吓死了。农夫马上把兔子带回家里烤了，大吃了一顿。他高兴极了！他开始想，"天啊！

Wǒ de yùnqi zěnme nàme hǎo! Wǒ búyòng měitiān xīnkǔ gōngzuò le. Wǒ zhǐyào měitiān zài shù xià xiūxi, děng tùzi pǎo guòlái sǐ jiù xíng le!"

Dì'èr tiān zǎoshang, tā yòu wǔ diǎn qǐchuáng, wǔ diǎn bàn xǐzǎo, liù diǎn shuāyá, liù diǎn bàn chī zǎofàn. Qī diǎn chī wán zǎofàn yǐhòu jiù yòu huíqù tián lǐ le. Dàn zhè tiān tā juédìng bù gōngzuò le. Tā zhǐ zuò zài shù xià děngzhe, děng le hěn jiǔ, dànshì yì zhī tùzi dōu méi lái.

Dào le xiàwǔ sān diǎn, tā juéde, "Zuótiān wǒ de yùnqi hǎo, dàn jīntiān wǒ gāi zěnme bàn ne? Hǎo qíguài! Wǒ yǐjīng děng le hěn jiǔ, dànshì tùzi háishì méi lái. Wǒ hái yào děng gèng jiǔ ma? Zhēn dǎoméi!"

Tā děng le hěn jiǔ, dànshì tùzi yìzhí méi chūxiàn, suǒyǐ tā hěn wǎn cái huí jiā.

Cóng nà tiān qǐ, tā yìzhí děngzhe tùzi lái, tā bú zài

我的运气怎么那么好！我不用每天辛苦工作了。我只要每天在树下休息，等兔子跑过来死就行了！"

第二天早上，他又五点起床，五点半洗澡，六点刷牙，六点半吃早饭。七点吃完早饭以后就又回去田里了。但这天他决定不工作了。他只坐在树下等着，等了很久，但是一只兔子都没来。

到了下午三点，他觉得，"昨天我的运气好，但今天我该怎么办呢？好奇怪！我已经等了很久，但是兔子还是没来。我还要等更久吗？真倒霉！"

他等了很久，但是兔子一直没出现，所以他很晚才回家。

从那天起，他一直等着兔子来，他不再

zhòngzhí zhuāngjia, zhǐshì zài nàlǐ shǒuzhū dàitù.

Hòulái tā suǒyǒu de zhuāngjia dōu sǐ le, yìdiǎn

shōuchéng dōu méiyǒu. Zuìhòu, tā méiyǒu bànfǎ guò

rìzi, zhōuwéi de rén dōu xiào tā de hǎo yùn gùshi.

种植庄稼，只是在那里**守株待兔**。后来他所有的庄稼都死了，一点收成都没有。最后，他没有办法过日子，周围的人都笑他的好运故事。

14.

狐假虎威

Hú Jiǎ Hǔ Wēi
Fox Assumes Tiger's Power

This chengyu is metaphorical in its message and may also have political undertones. It is a somewhat derogatory expression, referring to the dastardly act of exploiting the power of others to bully people. The fox in this tale clearly outwits the tiger, but he himself has no power, and is a charlatan. While an ancient story, it does have modern relevance.

Hěn jiǔ yǐqián, zài hěn yuǎn de shānlín lǐ zhùzhe yì zhī jiǎohuá de húli. Suīrán tā gètóu hěn xiǎo, hěn shòu, kěshì tā hěn cōngming. Shānlín lǐ hái yǒu yì zhī hěn dà, hěn lìhai de lǎohǔ. Suīrán tā hěn lìhai, dànshì tā bú tài cōngming.

Shānlín lǐ bùjǐn yǒu húli hé lǎohǔ, hái yǒu hěn duō bié de dòngwù. Yǒu hóuzi, xióngmāo, shé, xiàng, niǎo, hé tùzi. Yǒu yì tiān, húli zǒu zài shānlín lǐ shí, nà zhī hěn dà, hěn lìhai de lǎohǔ tūrán chūxiàn le. Tā zhuāzhù le húli, duì tā shuō, "Húli xiānsheng, wǒ hěn è! Wǒ yào chī nǐ!"

Jiǎohuá de húli hěn àomàn de huídá shuō, "Shì ma? Nǐ bù kěyǐ chī wǒ! Wǒ shì shàngtiān ānpái de bǎishòu zhī wáng. Nǐ bù xiāngxìn tiānyì ma?"

Lǎohǔ huídá shuō, "Hěn kěxiào! Nǐ ma? Nǐ jiùshì

很久以前，在很远的山林里住着一只狡猾的狐狸。虽然它个头很小，很瘦，可是它很聪明。山林里还有一只很大、很厉害的老虎。虽然它很厉害，但是它不太聪明。

山林里不仅有狐狸和老虎，还有很多别的动物。有猴子、熊猫、蛇、象、鸟、和兔子。有一天，狐狸走在山林里时，那只很大、很厉害的老虎突然出现了。它抓住了狐狸，对它说，"狐狸先生，我很饿！我要吃你！"

狡猾的狐狸很傲慢地回答说，"是吗？你不可以吃我！我是上天安排的百兽之王。你不相信天意吗？"

老虎回答说，"很可笑！你吗？你就是

yì zhī gèzi hěn xiǎo, hěn jiāo'ào de húli. Zěnme kěnéng shì bǎishòu zhī wáng ne? Wǒ xiànzài hěn è, yào bǎ nǐ dāng wǔfàn chī diào!"

Húli hěn kuài de shuō, "Děng yíxià! Chú le wǒ yǐwài, shānlín lǐ hái yǒu hěn duō hàochī de dòngwù, bǐrú hóuzi, xióngmāo, shé, xiàng, niǎo, hé tùzi. Nǐ bùxiǎng chī tāmen ma?"

Lǎohǔ huídá shuō, "Qíshí, wǒ zuìjìn xiǎng chī yì zhī tùzi. Wǒ zài shān shàng rènshi le yí wèi nóngfū, tā gàosu wǒ, rúguǒ wǒ yào chī zhèlǐ de dòngwù, wǒ zhǐ xūyào shǒuzhū dàitù. Dànshì, wǒ zài shùzhuāng pángbiān děng le hǎo jǐ tiān, tùzi dōu méiyǒu chūxiàn!"

Húli shuō, "Shénme? Nǐ dāngrán bù kěyǐ zhǐ shǒuzhū dàitù a! Hǎoxiàng nǐ shénme dōu bù dǒng. Gēn wǒ zǒu. Wǒ shì bǎishòu zhī wáng. Gēn zài wǒ de hòumiàn, kàn bǎishòu

一只个子很小、很骄傲的狐狸。怎么可能是百兽之王呢？我现在很饿，要把你当午饭吃掉！"

狐狸很快地说，"等一下！除了我以外，山林里还有很多好吃的动物，比如猴子、熊猫、蛇、象、鸟、和兔子。你不想吃它们吗？"

老虎回答说，"其实，我最近想吃一只兔子。我在山上认识了一位农夫，他告诉我，如果我要吃这里的动物，我只需要**守株待兔**。但是，我在树桩旁边等了好几天，兔子都没有出现！"

狐狸说，"什么？你当然不可以只**守株待兔**啊！好像你什么都不懂。跟我走。我是百兽之王。跟在我的后面，看百兽

shì zěnme duì wǒ de!"

Kāishǐ de shíhou, lǎohǔ bùxiǎng zǒu zài húli de hòumiàn. Húli jiānchí ràng tā zǒu zài tā de hòumiàn.

Lǎohǔ shuō, "Ràng wǒ zài nǐ de zuǒbian huòzhě yòubian zǒu, dàn wǒ búyào zài nǐ de hòumiàn zǒu. Xíng bu xíng?"

"Bùxíng."

"Kěshì, zǒu zài zuǒbian háishì yòubian, lǐbian háishì wàibian, shàngbian háishì xiàbian, dōngbian háishì xībian, nánbian háishì běibian, yǒu shénme bùtóng ne?"

"Dāngrán bùtóng, tāmen wánquán bù yíyàng. Nǐ zhǐ néng zǒu zài wǒ hòumiàn, jiù zhèyàng!"

Tāmen jìnrù sēnlín shēnchù. Lǎohǔ zǒu zài húli de hòumiàn. Húli zǒu zài lǎohǔ de qiánmiàn. Bǎishòu yí kàndào

是怎么对我的！"

开始的时候，老虎不想走在狐狸的后面。狐狸坚持让它走在它的后面。

老虎说，"让我在你的左边或者右边走，但我不要在你的后面走。行不行？"

"不行。"

"可是，走在左边还是右边，里边还是外边，上边还是下边，东边还是西边，南边还是北边，有什么不同呢？"

"当然不同，它们完全不一样。你只能走在我后面，就这样！"

它们进入森林深处。老虎走在狐狸的后面。狐狸走在老虎的前面。百兽一看到

lǎohǔ, tāmen dōu xià le yí tiào, hěn kuài jiù táozǒu le. Lǎohǔ yǐwéi dàjiā dōu hěn hàipà húli, dànshì qíshí tāmen pà de shì lǎohǔ.

Lǎohǔ shuō, "Wa! Nǐ zhēn de jiùshì shàngtiān ānpái de bǎishòu zhī wáng!"

Húli hěn jiǎohuá de huídá shuō, "Nà dāngrán le!"

Yīnwèi lǎohǔ hěn zūnzhòng tiānyì, suǒyǐ tā fàng le húli. Kěxī lǎohǔ bù zhīdào zhēnxiàng, kěshì qítā dòngwù dōu zhīdào, húli jiǎohuá de jiǎjiè lǎohǔ de wēishì. Suǒyǐ hújiǎ hǔwēi zhège shuōfǎ, zhǐ de shì yòng biérén de wēishì qīyā rén.

老虎，它们都吓了一跳，很快就逃走了。老虎以为大家都很害怕狐狸，但是其实它们怕的是老虎。

老虎说，"哇！你真的就是上天安排的百兽之王！"

狐狸很狡猾地回答说，"那当然了！"

因为老虎很尊重天意，所以它放了狐狸。可惜老虎不知道真相，可是其他动物都知道，狐狸狡猾地假借老虎的威势。所以**狐假虎威**这个说法，指的是用别人的威势欺压人。

15.

鹬蚌相争

Yù Bàng Xiāng Zhēng
Clam and Sandpiper Fight

This chengyu is a cautionary tale and a political metaphor. It demonstrates that when two entities have a dispute they are both weakened, and a third party may take advantage and exploit the situation for their own benefit. It may refer to small disputes, larger civil wars, and even geopolitical strategy.

Hěn jiǔ yǐqián, zài hébiān, yǒu yì zhī hébàng hé yì zhī yùniǎo. Nà zhī yùniǎo fēi xiàlái, xiǎng chī le hébàng. Hébàng guānbì le zìjǐ de ké, bǎ niǎo guān zài le lǐmiàn. Tóngshí niǎo yě yǎozhù le hébàng de shēntǐ. Tāmen liǎ dōu bèi kùn zài le hébàng de ké lǐ chū bu qù le, suǒyǐ tāmen kāishǐ zhēngchǎo le qǐlái.

Hébàng shuō, "Wǒ sǐ dōu bú huì dǎkāi wǒ de ké!"

Yùniǎo shuō, "Wǒ sǐ dōu bú huì sōngkāi wǒ de zuǐ!"

Hébàng shuō, "Sōngkāi nǐ de zuǐ!"

Yùniǎo huídá shuō, "Bù, chúfēi nǐ xiān dǎkāi nǐ de ké."

Hébàng shuō, "Bù! Bù kěnéng! Wǒ búshì yí gè hǎohǎo xiānsheng."

Yùniǎo shuō, "Shì ma? Nà wǒmen děngzhe ba! Rúguǒ

很久以前，在河边，有一只河蚌和一只
鹬鸟。那只鹬鸟飞下来，想吃了河蚌。
河蚌关闭了自己的壳，把鸟关在了里
面。同时鸟也咬住了河蚌的身体。它们
俩都被困在了河蚌的壳里出不去了，所
以它们开始争吵了起来。

河蚌说，"我死都不会打开我的壳！"

鹬鸟说，"我死都不会松开我的嘴！"

河蚌说，"松开你的嘴！"

鹬鸟回答说，"不，除非你先打开你的
壳。"

河蚌说，"不！不可能！我不是一个**好
好先生**。"

鹬鸟说，"是吗？那我们等着吧！如果

jīntiān bú xià yǔ, míngtiān yě bú xià yǔ, zhèlǐ jiù huì yǒu yì zhī sǐ hébàng!"

Hébàng huídá shuō, "Zhēn de ma?! Rúguǒ wǒ jīntiān bù dǎkāi wǒ de ké, míngtiān yě bù dǎkāi wǒ de ké, zhèlǐ jiù huì yǒu yì zhī sǐ yùniǎo!"

Ránhòu, tāmen yòu jìxù zhēngchǎo le qǐlái. Hébàng shuō, "Xiǎng yíng bìng bù nán, shuí zuì cōngming, shuí jiù huì chénggōng. Búshì ma?"

Yùniǎo huídá shuō, "Wǒ bù tóngyì, cōngming shì hěn zhòngyào, dàn zuì zhòngyào de shì nǐ yǒu méiyǒu lìqi! Rúguǒ méiyǒu, nǐ zěnme néng yíng ne?"

Tāmen liǎ zhèngzài zhēngchǎo shí, yí gè yúfū zǒu le guòlái, shuōdào, "Nǐmen zhèxiē jiāhuo! Wǒ zhīdào le, jīntiān zài hébiān shàng fāshēng le yì chǎng zhēngchǎo! Hāhā! Rán'ér, wǒ hěn bàoqiàn, wǒ bìxū gàosu nǐ

今天不下雨，明天也不下雨，这里就会有一只死河蚌！"

河蚌回答说，"真的吗？！如果我今天不打开我的壳，明天也不打开我的壳，这里就会有一只死鹬鸟！"

然后，他们又继续争吵了起来。河蚌说，"想赢并不难，谁最聪明，谁就会成功。不是吗？"

鹬鸟回答说，"我不同意，聪明是很重要，但最重要的是你有没有力气！如果没有，你怎么能赢呢？"

它们俩正在争吵时，一个渔夫走了过来，说道，"你们这些家伙！我知道了，今天在河边上发生了一场争吵！哈哈！然而，我很抱歉，我必须告诉你

155

men, wúlùn yǒu méiyǒu lìqi huòzhě cōng bù cōngming, jīntiān huì yíng de shì wǒ!"

Tāmen liǎ kāishǐ hǎndào, "Bù gōngpíng! Zhè shì wǒmen de zhēngchǎo!"

Xìngyùn de yúfū huídá shuō, "Hāhā! Bù gōngpíng jiùshì bù gōngpíng, dàn nà jiùshì rénshēng a! Qíshí, nà yě jiùshì zhànzhēng. Yù bàng xiāng zhēng shí, jiùshì wǒ yíng!"

Tāmen liǎ yòu hǎndào, "Zhēn dǎoméi! Bù! Nǐ bù kěyǐ chī wǒmen!"

Tāmen liǎ xiǎng yào táopǎo, táotuō tāmen de mìngyùn, dànshì yǐjīng tài wǎn le. Yúfū bǎ hébàng hé yùniǎo fàng zài lánzi lǐ, bǎ tāmen dōu dài huí le jiā, zuò le yí dùn hǎochī de wǎnfàn.

们，无论有没有力气或者聪不聪明，今天会赢的是我！"

它们俩开始喊道，"不公平！这是我们的争吵！"

幸运的渔夫回答说，"哈哈！不公平就是不公平，但那就是人生啊！其实，那也就是战争。**鹬蚌相争**时，就是我赢！"

它们俩又喊道，"真倒霉！不！你不可以吃我们！"

它们俩想要逃跑，逃脱它们的命运，但是已经太晚了。渔夫把河蚌和鹬鸟放在篮子里，把它们都带回了家，做了一顿好吃的晚饭。

Yuánlái, dāng yù bàng xiāng zhēng shí, zuìhòu

zhēnzhèng de yíngjiā què shì yúfū!

原来，当**鹬蚌相争**时，最后真正的赢家却是渔夫！

160

16.

望梅止渴

Wàng Méi Zhǐ Kě

Thinking of Plums to Quench Thirst

This chengyu describes the very human condition of consoling oneself with false hope. At times this may seem foolish, but the tale tells us that hope, whether false or real, has the ability to lead us out of suffering, and out of the proverbial "dry and barren wasteland" of life's difficult conditions.

Gǔ shíhou, yǒumíng de zhèngzhìjiā Cáo Cāo dài le tā de bùduì qù dǎzhàng. Tāmen cóng dōngtiān yìzhí dǎ dào le xiàtiān. Zuìhòu tāmen láidào le yí zuò huāngshān. Zhèlǐ de tàiyáng hěn dà, tiānqì hěn rè. Tāmen zhǎo bu dào shuǐ hē.

Yí gè shìbīng shuō, "Wǒ hěn kě! Tiānqì tài rè le!"

Lìngwài yí gè shìbīng yě shuō, "Wǒ yě kěsǐ le! Wǒ bùnéng zài zhèyàng xiàqù le. Zhèlǐ wèishénme méiyǒu shuǐ!"

Zhàn zài pángbiān de shìbīng yě shēngqì de shuō, "Zhè zuò huāngshān tài rè le. Yīnwèi jīntiān shì qíngtiān, suǒyǐ tiānqì

古时候，有名的政治家曹操[23]带了他的部队去打仗。他们从冬天一直打到了夏天。最后他们来到了一座荒山。这里的太阳很大，天气很热。他们找不到水喝。

一个士兵说，"我很渴！天气太热了！"

另外一个士兵也说，"我也渴死了！我不能再这样下去了。这里为什么没有水！"

站在旁边的士兵也生气地说，"这座荒山太热了。因为今天是晴天，所以天气

---

[23] 曹操　　Cáo Cāo – Cao Cao, the notorious statesman, politician, and military strategist, posthumously honored as emperor, and the central villain in the novel *Romance of the Three Kingdoms*. The common expression, "说曹操, 曹操就到" (shuō Cáo Cāo, Cáo Cāo jiù dào), means "speak of the devil."

yòu rè yòu gānzào. Míngtiān de tiānqì yěxǔ hái huì gèng rè. Wǒmen zěnme bàn ne? Zhèlǐ méiyǒu shuǐ, wǒmen kuài yào kěsǐ le!"

Cáo Cāo de jiāngjūn yě yuè lái yuè dānxīn. Qízhōng yí wèi jiāngjūn duì Cáo Cāo shuō, "Wǒ juéde wǒmen gāi ràng yǒu jīngyàn de shìbīng qù zhǎo shuǐ. Tāmen kěndìng huì zhīdào zěnme zǒu, jiù xiàng lǎomǎ shítú, duì ba?"

Cáo Cāo huídá shuō, "Bùxíng, wǒmen de shìbīng dōu hěn niánqīng, méiyǒu jīngyàn. Tāmen zěnme bāngzhù wǒmen qù zhǎo shuǐ zhǐ kě ne?"

Jiāngjūn shuō, "Nándào zhēn méiyǒu bànfǎ le ma? Nà wǒmen zhǐ néng chīkǔ le."

Cáo Cāo mǎshàng huídá shuō, "Nǐ gāngcái shuō le shénme? Chīkǔ?"

又热又干燥。明天的天气也许还会更热。我们怎么办呢？这里没有水，我们快要渴死了！"

曹操的将军也越来越担心。其中一位将军对曹操说，"我觉得我们该让有经验的士兵去找水。他们肯定会知道怎么走，就像**老马识途**，对吧？"

曹操回答说，"不行，我们的士兵都很年轻，没有经验。他们怎么帮助我们去找水止渴呢？"

将军说，"难道真没有办法了吗？那我们只能吃苦了。"

曹操马上回答说，"你刚才说了什么？吃苦？"

Zhè ràng tā xiǎngdào le yí gè hǎo zhǔyi. Tā mǎshàng dàshēng hǎndào, "Dàjiā guòlái! Wǒ yǒu hǎo xiāoxi yào gàosu nǐmen. Wǒmen tài xìngyùn le! Rúguǒ wǒmen wǎng qián zǒu, guò sān zuò shān, ránhòu zài wǎng dōngběi zǒu, wǒmen huì dàodá yí gè hěn màomì de méishùlín. Nàlǐ de méizi yòu suān yòu tián! Hǎochī jí le! Hái kěyǐ zhǐ kě, kěyǐ jiějué wǒmen méiyǒu shuǐ de wèntí. Dàjiā jiānchí yíxià, qù nàlǐ chī méizi ba!"

Shìbīng yì tīngdào zhège hǎo xiāoxi dōu shuō, "Wa! Zhēn xìngyùn!"

Tāmen mǎshàng qímǎ wǎng méishùlín zǒuqù. Tiānqì hěn rè, tāmen yìzhí xiǎngzhe chī suāntián de méizi, suǒyǐ qímǎ shí yìzhí liú kǒushuǐ. Jiù hǎoxiàng wàng méi kěyǐ zhǐ kě yíyàng.

Zuìhòu, shìbīng méi zhǎodào Cáo Cāo shuō de méishùlín, kě

这让他想到了一个好主意。他马上大声喊道，"大家过来！我有好消息要告诉你们。我们太幸运了！如果我们往前走，过三座山，然后再往东北走，我们会到达一个很茂密的梅树林。那里的梅子又酸又甜！好吃极了！还可以止渴，可以解决我们没有水的问题。大家坚持一下，去那里吃梅子吧！"

士兵一听到这个好消息都说，"哇！真幸运！"

他们马上骑马往梅树林走去。天气很热，他们一直想着吃酸甜的梅子，所以骑马时一直流口水。就好像望梅可以止渴一样。

最后，士兵没找到曹操说的梅树林，可

shì wàngméi zhǐkě bāngzhù tāmen líkāi le
huāngshān, jiù zài tāmen líkāi huāngshān hòu bùjiǔ,
tāmen jiù zhǎodào le shuǐ.

是**望梅止渴**帮助他们离开了荒山，就在
他们离开荒山后不久，他们就找到了
水。

17.

杀鸡儆猴

Shā Jī Jǐng Hóu
Kill Chicken, Scare Monkey

This is a dark, almost Machiavellian tale. The monkey is manipulated like a puppet on a string through intimidation and violence. This chengyu refers to the act of punishing a person of no consequence in order to threaten another. It may also have political implications.

Gǔ shíhou, zài yí gè shāncūn lǐ zhùzhe yí gè màiyì de rén. Tā tiāntiān kào màiyì zhuànqián, guò rìzi, tā xǐhuan biǎoyǎn píyǐngxì. Tā hěn nǔlì biǎoyǎn, dànshì zhuàn de qián bù duō. Tā chángcháng xiǎng de shì zěnme zhuàn gèng duō de qián. Yǒu yì tiān, tā juédìng mǎi yì zhī hóuzi lái bāngzhù tā biǎoyǎn. Tā mǎi le yì zhī hěn kě'ài, hěn cōngming, dànshì yòu yǒu yìdiǎnr wánpí de hóuzi.

Zhè zhī hóuzi huì hěn duō jìnéng, tā huì yìbiān tiàowǔ yìbiān chànggē, yě huì huàhuà hé pǎobù. Tā de àihào yě hěn duō, chú le duì wán yóuxì, fàng fēngzheng hěn gǎn xìngqù, tā duì zuò yùndòng yě hěn gǎn xìngqù. Suīrán tā hěn cōngming, dàn tā jīngcháng bù tīng zhǔrén de huà.

Yǒu yì tiān, màiyìrén zài biǎoyǎn de shíhou duì hóuzi shuō, "Hóuzi, wǒ dǎgǔ de shíhou, nǐ yào tiàowǔ."

古时候，在一个山村里住着一个卖艺的人。他天天靠卖艺赚钱，过日子，他喜欢表演皮影戏。他很努力表演，但是赚的钱不多。他常常想的是怎么赚更多的钱。有一天，他决定买一只猴子来帮助他表演。他买了一只很可爱、很聪明、但是又有一点儿顽皮的猴子。

这只猴子会很多技能，它会一边跳舞一边唱歌，也会画画和跑步。它的爱好也很多，除了对玩游戏、放风筝很感兴趣，它对做运动也很感兴趣。虽然它很聪明，但它经常不听主人的话。

有一天，卖艺人在表演的时候对猴子说，"猴子，我打鼓的时候，你要跳舞。"

Màiyìrén dǎ qǐ le gǔ, dànshì hóuzi yí dòng bú dòng.

Màiyìrén yòu duì hóuzi shuō, "Hóuzi, nǐ méi tīng qīngchu ma? Wǒ shuō, wǒ dǎgǔ de shíhou, nǐ yīnggāi tiàowǔ."

Màiyìrén yòu dǎ qǐ le gǔ, dànshì hóuzi yòu yí dòng bú dòng.

Màiyìrén dì sān cì dǎ qǐ le gǔ, ránhòu duì hóuzi hǎndào, "Hóuzi, nǐ xiànzài yào tiàowǔ le!"

Dànshì hóuzi háishì yí dòng bú dòng, tā zhǐshì yáo le yáo tóu.

Màiyìrén zài guānzhòngmen miànqián hěn diūliǎn. Tā xīnli xiǎng, "Zhēn dǎoméi! Wǒ mǎi le yì zhī fēicháng tǎoyàn de hóuzi, wǒ zài yě bú huì ràng tā chūxiàn zài dàjiā de miànqián, ràng wǒ zàicì diūliǎn!"

卖艺人打起了鼓，但是猴子一动不动。

卖艺人又对猴子说，"猴子，你没听清楚吗？我说，我打鼓的时候，你应该跳舞。"

卖艺人又打起了鼓，但是猴子又一动不动。

卖艺人第三次打起了鼓，然后对猴子喊道，"猴子，你现在要跳舞了！"

但是猴子还是一动不动，它只是摇了摇头。

卖艺人在观众们面前很丢脸。他心里想，"真倒霉！我买了一只非常讨厌的猴子，我再也不会让它出现在大家的面前，让我再次丢脸！"

Dāngwǎn, màiyìrén huí jiā le. Tā hěn shēngqì yīnwèi nàtiān zǎoshang tā zhuàn de qián hěn shǎo, búgòu guò rìzi. Qíshí tā jiā zhǐ shèngxià yìdiǎndiǎn mǐfàn le. Dāng tā kàndào tā kōngkōng de fànwǎn shí, tàn le tàn qì, "Wǒ gāi zěnme bàn? Zěnme ràng hóuzi tīnghuà ne? Tā yìdiǎn dōu bù zūnzhòng wǒ, yě búpà wǒ."

Tā lèi le, pā zài zhuōzi shàng shuìzháo le. Tā shuìjiào shí mèng dào le yí gè hěn dà, hěn piàoliang de jīn fànwǎn. Fànwǎn lǐmiàn yǒu hěn duō mǐfàn, yě yǒu tèbié hǎochī de kǎo jīròu. Tā zuòmèng shí dōu liú kǒushuǐ le. Límíng shí, tā bèi gōngjī de jiàoshēng chǎoxǐng le.

Tā xǐnglái shí xiǎng chū le yí gè hǎo zhǔyi. Tā zǎoshang qù shìchǎng mǎi le yì zhī gōngjī, ránhòu dàizhe hóuzi hé gōng

当晚，卖艺人回家了。他很生气因为那天早上他赚的钱很少，不够过日子。其实他家只剩下一点点米饭了。当他看到他空空的饭碗时，叹了叹气，"我该怎么办？怎么让猴子听话呢？它一点都不尊重我，也不怕我。"

他累了，趴在桌子上睡着了。他睡觉时梦到了一个很大、很漂亮的金饭碗[24]。饭碗里面有很多米饭，也有特别好吃的烤鸡肉。他做梦时都流口水了。黎明时，他被公鸡的叫声吵醒了。

他醒来时想出了一个好主意。他早上去市场买了一只公鸡，然后带着猴子和公

---

[24] 金饭碗   jīn fàn wǎn – literally a "golden rice bowl," a stable and lucrative job

jī yìqǐ huíqù biǎoyǎn, zhuànqián.

Zhè cì, dāng tāmen biǎoyǎn de shíhou, tā yòu gàosu
hóuzi, "Wǒ dǎ qǐ gǔ shí, nǐ jiù biǎoyǎn."

Màiyìrén yòu dǎ qǐ le gǔ, dànshì hóuzi háishì yí dòng
bú dòng.

Màiyìrén hěn shēngqì, dànshì zhè cì tā méiyǒu gēn
hóuzi shuōhuà, érshì duì gōngjī shuō, "Gōngjī, wǒ dǎ
qǐ gǔ shí, nǐ jiù biǎoyǎn, míngbai ma?"

Màiyìrén dǎ qǐ le gǔ, dànshì gōngjī yě yí dòng bú
dòng. Màiyìrén mǎshàng zài bù tīnghuà de hóuzi
miànqián yòng dāo bǎ gōngjī shāsǐ le. Hóuzi kàndào
zhè, xià le yí dà tiào.

Tā fēicháng hàipà, màiyìrén zhuǎnshēn duì hóuzi
hǎndào, "Hóuzi, wǒ dǎgǔ shí, nǐ yào tiàowǔ!"

鸡一起回去表演，赚钱。

这次，当他们表演的时候，他又告诉猴子，"我打起鼓时，你就表演。"

卖艺人又打起了鼓，但是猴子还是一动不动。

卖艺人很生气，但是这次他没有跟猴子说话，而是对公鸡说，"公鸡，我打起鼓时，你就表演，明白吗？"

卖艺人打起了鼓，但是公鸡也一动不动。卖艺人马上在不听话的猴子面前用刀把公鸡杀死了。猴子看到这，吓了一大跳。

它非常害怕，卖艺人转身对猴子喊道，"猴子，我打鼓时，你要跳舞！"

Màiyìrén mànman de dǎ qǐ le gǔ, dànshì zhè yí cì
hóuzi mǎshàng guāiguāi de kāishǐ tiàowǔ.

Cóngcǐ, hóuzi de xíngwéi zài yě bú xiàng yǐqián
nàyàng, tā biànchéng le yí gè hǎohǎo xiānsheng.
Màiyìrén míngbai le, rúguǒ tā xiǎng ràng hóuzi
tīnghuà, tā bù xūyào mà tā. Qíshí, mà biérén shì
méiyǒu yòng de. Zuì hǎo shì shājī jǐnghóu. Cóngcǐ
yǐhòu hóuzi zài bù gǎn bù tīnghuà, màiyìrén měitiān
dōu zhuàn dào le hěn duō qián.

卖艺人慢慢地打起了鼓，但是这一次猴子马上乖乖地开始跳舞。

从此，猴子的行为再也不像以前那样，它变成了一个**好好先生**。卖艺人明白了，如果他想让猴子听话，他不需要骂它。其实，骂别人是没有用的。最好是**杀鸡儆猴**。从此以后猴子再不敢不听话，卖艺人每天都赚到了很多钱。

18.

杀鸡取卵

Shā Jī Qǔ Luǎn

Kill the Hen that Lays the Golden Egg

This final idiom is similar to Aesop's fable The Goose That Laid the Golden Eggs, *but since both stories emerged around the same time, around 300 BC, they probably arose independently of each other. It is a cautionary tale about greed. It teaches that in our dealings, we ought not to just think about immediate results and our selfish desires. If one is too selfish, one may lose everything!*

Hěn jiǔ hěn jiǔ yǐqián, yǒu yí wèi qióng nóngfū. Tā
měitiān dōu nǔlì gōngzuò, dànshì tā háishì hěn
qióng. Tā de fángzi hěn xiǎo. Tā qīzi měitiān
wǎnshang dōu mà tā zhuàn de qián búgòu huā. Dào
le dōngtiān, tā de jiālǐ tèbié lěng.

Xīnnián kuài yào dào le. Tā de yéye, qīzi, érzi, hé
nǚ'ér dōu zhǔnbèi hé tā yìqǐ guònián. Tāmen zhǔnbèi
fàng biānpào, bāo jiǎozi, fā hóngbāo, tiē chūnlián, chī
niángāo, tiē fúzì, chuān hóngsè de wàzi, chuān xīn
yīfu.

Chūnjié nàtiān xiàwǔ, tāmen chūqù gěi qīnqi
péngyou bàinián, huílái de shíhou yùdào le línjū.
Línjū hěn yǒu qián. Tāmen de fángzi yòu dà yòu
piàoliang, dōngtiān yě hěn nuǎnhuo. Tāmen hùxiāng
dǎ le zhāohu.

很久很久以前，有一位穷农夫。他每天都努力工作，但是他还是很穷。他的房子很小。他妻子每天晚上都骂他赚的钱不够花。到了冬天，他的家里特别冷。

新年快要到了。他的爷爷、妻子、儿子、和女儿都准备和他一起过年。他们准备放鞭炮，包饺子，发红包，贴春联，吃年糕，贴福字，穿红色的袜子，穿新衣服。

春节那天下午，他们出去给亲戚朋友拜年[25]，回来的时候遇到了邻居。邻居很有钱。他们的房子又大又漂亮，冬天也很暖和。他们互相打了招呼。

---

[25] 拜年　　bài nián – literally "pay respect year," to pay a New Year's call, to wish someone a Happy New Year

185

Nóngfū shuō, "Xīnnián hǎo!"

Línjū huídá shuō, "Xīnnián hǎo! Nǐ zhīdào jīnnián shì shénme nián ma?"

Nóngfū shuō, "Jīnnián shì jī nián. Nǐ shǔ shénme?"

Línjū shuō, "Wǒ shǔ zhū. Nǐ ne?"

Nóngfū shuō, "Wǒ shǔ jī."

Línjū huídá, "Jīnnián shì nǐ de nián. Gōngxǐ nǐ xīnnián lǐ fācái le."

Nóngfū shuō, "Xièxie, yě zhù nǐ jīnnián hǎo yùn! Zàijiàn!"

Línjū shuō, "Zàijiàn!"

农夫说，"新年好！"

邻居回答说，"新年好！你知道今年是什么年吗？"

农夫说，"今年是鸡年。你属[26]什么？"

邻居说，"我属猪。你呢？"

农夫说，"我属鸡。"

邻居回答，"今年是你的年。恭喜你新年里发财了。"

农夫说，"谢谢，也祝你今年好运！再见！"

邻居说，"再见！"

---

[26] 属　　　　shǔ – to be born in the year of (one of the 12 zodiac animals)

Ránhòu tāmen gèzì huí jiā le. Nóngfū huí jiā de shíhou xīnli juéde hěn bù shūfu. Qíshí nóngfū bú tài xǐhuan tā de línjū, yīnwèi tā yǒu yìdiǎn jiāo'ào. Suīrán tā hěn yǒu qián, dànshì tā hěn xiǎoxīnyǎn.

Nàtiān wǎnshang, nóngfū de jiālǐ hěn lěng, tā hē le hěn duō jiǔ, tā hěn shēngqì de xiǎng, "Nàge huàidàn, tā zěnme néng shuō gōngxǐ wǒ xīnnián lǐ fācái le ne? Tài kěxiào le! Tā yídìng shì zài shuō fǎnhuà!"

Tā yǒudiǎnr lèi, suǒyǐ xiǎngzhe xiǎngzhe jiù shuìzháo le. Tā mèng dào le shí'èr shēngxiào bǐsài, dàn jīnnián, lǎoshǔ méiyǒu yíng, érshì gōngjī yíng le. Tiāndì xuǎn gōngjī dāng shí'èr shēngxiào de dì yī gè dòngwù. Dànshì tūrán niánshòu chūxiàn le, yì kǒu chī diào le gōngjī!

然后他们各自回家了。农夫回家的时候心里觉得很不舒服。其实农夫不太喜欢他的邻居，因为他有一点骄傲。虽然他很有钱，但是他很小心眼。

那天晚上，农夫的家里很冷，他喝了很多酒，他很生气地想，"那个坏蛋[27]，他怎么能说恭喜我新年里发财了呢？太可笑了！他一定是在说反话！"

他有点儿累，所以想着想着就睡着了。他梦到了十二生肖[28]比赛，但今年，老鼠没有赢，而是公鸡赢了。天帝选公鸡当十二生肖的第一个动物。但是突然年兽[29]出现了，一口吃掉了公鸡！

---

[27] 坏蛋　　huàidàn – literally "bad egg," a scoundrel, a rotten guy

[28] 十二生肖　　shí'èr shēng xiào – twelve signs of the Chinese zodiac

[29] 年兽　　nián shòu – the year monster, a mythical creature in Chinese mythology associated with the Chinese New Year. It is said to emerge from hiding and attack people near the Lunar New Year.

Nóngfū bèi mèng xià xǐng, tā liú le hàn. Yīnwèi zhège mèng tā xīnli juéde bù shūfu, jiālǐ réngrán hěn lěng. Zǎoshang, tā qǐchuáng qù wèi jī. Tā kàndào mǔjī xià le dàn. Tā bù gǎn xiāngxìn zìjǐ de yǎnjing, yīnwèi tā kàndào le jīndàn. Yuánlái tā yǒu yì zhī huì xià jīndàn de mǔjī! Tā mǎshàng qù gàosu le tā qīzi hé jiārén. Suǒyǒu rén dōu chūlái kàn zhè zhī xià jīndàn de mǔjī.

Nóngfū gāoxìng de hǎndào, "Wa! Wǒ de yùnqi zěnme nàme hǎo! Wǒ zhēn de fācái le!"

Nà nián, zhège pínqióng de nóngfū gēn tā de qīzi yìqǐ qù mǎi le hěn duō sīchóu yīfu, yí dòng xīn fángzi, hé yìxiē piàoliang de yù shǒushì. Yīnwèi měitiān mǔjī dōu huì xià yí gè jīndàn, suǒyǐ tāmen yuè lái yuè yǒu qián.

Guò le jǐ gè yuè, nóngfū kāishǐ juéde bù mǎnyì. Tā yuè lái yuè jiāo'ào, yuè lái yuè xiǎoxīnyǎn. Yǒu yì tiān zǎo

农夫被梦吓醒，他流了汗。因为这个梦他心里觉得不舒服，家里仍然很冷。早上，他起床去喂鸡。他看到母鸡下了蛋。他不敢相信自己的眼睛，因为他看到了金蛋。原来他有一只会下金蛋的母鸡！他马上去告诉了他妻子和家人。所有人都出来看这只下金蛋的母鸡。

农夫高兴地喊道，"哇！我的运气怎么那么好！我真的发财了！"

那年，这个贫穷的农夫跟他的妻子一起去买了很多丝绸衣服，一栋新房子，和一些漂亮的玉首饰。因为每天母鸡都会下一个金蛋，所以他们越来越有钱。

过了几个月，农夫开始觉得不满意。他越来越骄傲，越来越小心眼。有一天早

shang, nóngfū gēn tā yéye yìqǐ hē chá, chī cháyèdàn.
Tā shuō, "Yéye, wǒ xiànzài hěn yǒu qián, wǒ de
yùnqi fēicháng hǎo, dàn wǒ háishì bù mǎnyì. Wǒ bù
zhīdào wèishénme."

Tā yéye xiǎoshēng de huídá dào, "Nǐ quèdìng nǐ de
yùnqi hěn hǎo ma? Méi rén néng quèdìng. Nǐ hái jìde
sàiwēng shīmǎ de gùshi ma? Yí gè rén de zhēnzhèng
mìngyùn hěn nán zhīdào, yùnqi shì hǎo háishì huài yě
hěn nán zhīdào. Nǐ zuì hǎo háishì xiāngxìn tiānyì ba."

Nóngfū xiào tā shuō, "Luàn shuō! Chéngyǔ gùshi?
Yǒu shénme yìyì? Wǒ wèishénme yào xuéxí hěn
gǔlǎo de gùshi? Gēn wǒmen xiàndài de shēnghuó
yǒu shénme guānxi ne? Wǒ bùxiǎng xiāngxìn tiānyì,
tài kěxiào le."

上，农夫跟他爷爷一起喝茶，吃茶叶蛋[30]。他说，"爷爷，我现在很有钱，我的运气非常好，但我还是不满意。我不知道为什么。"

他爷爷小声地回答道，"你确定你的运气很好吗？没人能确定。你还记得**塞翁失马**的故事吗？一个人的真正命运很难知道，运气是好还是坏也很难知道。你最好还是相信天意吧。"

农夫笑他说，"乱说！成语故事？有什么意义？我为什么要学习很古老的故事？跟我们现代的生活有什么关系呢？我不想相信天意，太可笑了。"

---

[30]茶叶蛋　　chá yè dàn – tea egg, a boiled egg often cooked with black tea and other spices

Tā de yéye huídá shuō, "Wǒmen dāngrán yào xuéxí chéngyǔ gùshi, yīnwèi tāmen hěn yǒuyòng. Gùshi lǐ yǒu hǎorén, yě yǒu huàidàn. Nǐ xiǎng chéngwéi shénme rén? Nǐ yǐjīng hěn yǒu qián le, nǐ búyào tài tānxīn."

Xiàwǔ nóngfū qù wèi jī. Tā kànzhe xià jīndàn de mǔjī xiǎng, "Zhè zhī mǔjī měitiān zhǐ xià yí gè jīndàn. Tài shǎo le! Zěnme cái néng ràng tā xià gèng duō de jīndàn ne? Wǒ yīnggāi zài tā de miànqián shāsǐ lìngwài yì zhī jī, zhǐshì qù shājī jǐnghóu!"

Tā yòu xiǎng le yíxià, "Bù, wǒ kěyǐ shā le tā, ránhòu qiēkāi tā de dùzi, bǎ suǒyǒu de jīndàn dōu qǔ chūlái. Zhèyàng wǒ jiù huì gèng yǒu qián!"

Nóngfū xiǎng hǎo le, tā juédìng qù shājī qǔluǎn, dàn dāng tā dǎkāi jī de dùzi shí, lǐmiàn shì kōngkōng de! Yí gè jīndàn dōu méiyǒu! Jiù zài nà shí tā de qīzi jìnlái

他的爷爷回答说，"我们当然要学习成语故事，因为它们很有用。故事里有好人，也有坏蛋。你想成为什么人？你已经很有钱了，你不要太贪心。"

下午农夫去喂鸡。他看着下金蛋的母鸡想，"这只母鸡每天只下一个金蛋。太少了！怎么才能让它下更多的金蛋呢？我应该在它的面前杀死另外一只鸡，只是去**杀鸡儆猴**！"

他又想了一下，"不，我可以杀了它，然后切开它的肚子，把所有的金蛋都取出来。这样我就会更有钱！"

农夫想好了，他决定去**杀鸡取卵**，但当他打开鸡的肚子时，里面是空空的！一个金蛋都没有！就在那时他的妻子进来

le, kàndào nà zhī sǐ de xià jīndàn de mǔjī, shuō, "Nǐ
gàn le shénme? Nǐ zěnme kěyǐ shājī qǔluǎn? Nǐ shì gè
dà bèndàn!"

Cóngcǐ, nóngfū hé tā de jiārén yuè lái yuè qióng,
yīnwèi tāmen tài tānxīn le, méiyǒu tīng yéye de huà,
méiyǒu xué chéngyǔ gùshi, bǎ quánbù de qián dōu
huā guāng le. Zuìhòu, tāmen méiyǒu jīndàn, méiyǒu
qián, méiyǒu hěn guì de fángzi, zhǐ néng huí dào
tāmen yǐqián bīnglěng de jiā.

了，看到那只死的下金蛋的母鸡，说，"你干了什么？你怎么可以**杀鸡取卵**？你是个大笨蛋！"

从此，农夫和他的家人越来越穷，因为他们太贪心了，没有听爷爷的话，没有学成语故事，把全部的钱都花光了。最后，他们没有金蛋，没有钱，没有很贵的房子，只能回到他们以前冰冷的家。

Jiéyǔ

Wǒmen wèishénme yào xuéxí chéngyǔ gùshi? Yīnwèi
zhèxiē chéngyǔ gùshi gēn wǒmen xiàndài de
shēnghuó yǒu hěn dà de guānxi. Chéngyǔ gùshi lǐ
yǒu hǎorén, yě yǒu huàidàn. Nǐ xiǎng chéngwéi
shénme yàng de rén? Hǎohao xuéxí chéngyǔ gùshi nǐ
jiù néng zhǎodào dá'àn.

Méi rén zhīdào gāi zěnme zuò cái néng dédào
hǎoyùn. Hěn nán shuō hǎoyùn hé èyùn dàodǐ shì
shénme. Yòu yǒu shuí zhīdào shénme shì zhēnzhèng
de mìngyùn? Zěnme zhǎodào duì de rénshēng
fāngxiàng? Nǐ jiànguò yì pǐ jīngyàn fēngfù de lǎomǎ
ma? Nǐ jiànguò yì zhī jiǎohuá de húli ma? Wǒmen
yīnggāi gēnsuí shuí?

Rúguǒ nǐ zài huāngshān lǐ zhǎo bu dào shuǐ, qiánmiàn
zhēn de yǒu yí gè hěn dà de màomì de méishùlín
ma? Nǐ quèdìng

结语

我们为什么要学习成语故事？因为这些成语故事跟我们现代的生活有很大的关系。成语故事里有好人，也有坏蛋。你想成为什么样的人？好好学习成语故事你就能找到答案。

没人知道该怎么做才能得到好运。很难说好运和厄运到底是什么。又有谁知道什么是真正的命运？怎么找到对的人生方向？你见过一匹经验丰富的老马吗？你见过一只狡猾的狐狸吗？我们应该跟随谁？

如果你在荒山里找不到水，前面真的有一个很大的茂密的梅树林吗？你确定

ma? Shuí zhīdào gāi wǎng dōng, wǎng xī, wǎng nán, háishì wǎng běi cái néng huí jiā?

Hěn nán xiǎngxiàng zěnme yí shān? Yě hěn nán xiǎngxiàng méiyǒu chuán zěnme guò hé? Hěn nán xiǎngxiàng méiyǒu zhǐnánzhēn huòzhě dìtú, zěnme zhīdào huí jiā de lù? Hěn nán xiǎngxiàng mǎmǎ hūhū, zǒumǎ kànhuā de kàn yì yǎn jiù néng zhīdào miànqián de rén shì shuí?

Zuò shìqing bù yīnggāi wùlǐ kànhuā, huòzhě, rúguǒ nǐ de shēnghuó de huánjìng xiàng yì kǒu jǐng, nà nǐ yě bù yīnggāi zuò jǐngdǐzhīwā. Nǐ yě bù kěyǐ shǒuzhū dàitù! Nǐ yě búyào dāng yí gè hǎohǎo xiānsheng, búyào zǒng shì zìxiāng máodùn. Búguò, rúguǒ nǐ shājī jǐnghóu huòzhě shājī qǔluǎn, zuìhòu nǐ dàodǐ huì dédào shénme ne? Shénme dōu dé bu dào.

Wǒ bùxiǎng zuò huàshé tiānzú de shì, dàn wǒ xiǎng huàlong diǎn

吗？谁知道该往东、往西、往南、还是往北才能回家？

很难想象怎么移山？也很难想象没有船怎么过河？很难想象没有指南针或者地图，怎么知道回家的路？很难想象**马马虎虎**、**走马看花**地看一眼就能知道面前的人是谁？

做事情不应该**雾里看花,** 或者，如果你的生活的环境像一口井，那你也不应该做**井底之蛙**。你也不可以**守株待兔**！你也不要当一个**好好先生**，不要总是**自相矛盾**。不过，如果你**杀鸡儆猴**或者**杀鸡取卵**，最后你到底会得到什么呢？什么都得不到。

我不想做**画蛇添足**的事，但我想**画龙点**

jīng. Jiù xiàng gǔlǎo de chéngyǔ gàosu wǒmen de

nàyàng, yí gè rén xìngyùn huòzhě bú xìngyùn, wǎng

qián zǒu huòzhě wǎng huí zǒu, zhǎodào de zhàngfu

huò qīzi shì hǎo háishì huài, lí jiā jìn huòzhě lí jiā

yuǎn, zhuànqián huòzhě péiqián, dōu shì mìngzhōng

zhùdìng de, suǒyǒu yíqiè dōu hěn nán shuō.

Mìngyùn wúcháng, dàn yǒu yí jiàn shì shì kěndìng de,

nǐ zhìshǎo yīnggāi xiāngxìn tiānyì, fǒuzé......nǐ jiù

wándàn le.

睛。就像古老的成语告诉我们的那样，一个人幸运或者不幸运，往前走或者往回走，找到的丈夫或妻子是好还是坏，离家近或者离家远, 赚钱或者赔钱, 都是命中注定的，所有一切都很难说。**命运无常**，但有一件事是肯定的，你至少应该相信天意，否则……你就完蛋了。

Chengyu!

1.
Lord Ye is Fond of Dragons

Once upon a time, during the Spring and Autumn period, there was a famous nobleman named Ye Gong. Ye Gong loved dragons. He told everyone every day that he loved dragons very much. There were paintings of dragons everywhere in his house. Chairs, clothes, cups, and plates had dragons painted on them. Doors and windows, teacups and teapots, knives and spoons also had dragons painted on them.

One day, Ye Gong went hiking with his friends. When he reached the top of the mountain, he was still thinking about dragons. Ye Gong suddenly started shouting to the sky, "I love dragons! Dragons must be my favorite creature!"

Just at that time, a real dragon was flying in the heavens, listening to what Ye Gong said. It wanted to know, was this true or false. It thought, "If Ye Gong really loves dragons, I will go to see him tomorrow night. Maybe he will treat me to a meal, how lucky!"

The next night, the dragon decided to fly from the Heavenly Palace to see Ye Gong. The dragon flew to Ye Gong's window and sneakily looked in at Ye Gong's beautiful home. The dragon thought, "He has so many pictures of dragons. He likes dragons so much, I should introduce myself to him."

At that time, Ye Gong was drinking oolong ("black dragon") tea at home, and the teapot he used also had an image of a purple dragon on it. The dragon slowly flew to Ye Gong's side. It said, "Hello Mr. Ye. Nice to meet you."

When Ye Gong saw a real dragon, he was shocked. He didn't know what to say. He shouted, "Help! Help!"

Then he turned and quickly ran away.

The dragon thought, "Ye Gong really is a strange human."

It looked at Ye Gong's beautiful home again, and also looked at itself in the mirror, then immediately flew back up to the heavenly palace.

It turned out that Ye Gong didn't like real dragons. He just liked fake dragons. What does this story tell us? Be careful when talking! Be careful not to brag! If you don't understand your own hobbies, then don't be too quick to brag about them. Don't be like **Yè gong hào lóng**!

2.

Draw Dragon Dot Eyes

There once was a famous painter named Zhang Sengyou. He liked to draw dragons. Long dragons, short dragons, black dragons, white dragons, green dragons, red dragons, blue dragons, he liked to draw them all. People from all over came to see him draw dragons. But one day, an old man told him to be careful and remember the idiom story of **Yè gong hào long**, Lord Ye is fond of dragons.

The painter often went to the temple to burn incense. One day, after Zhang Sengyou burned incense, he began to draw on the temple wall. He drew three big green dragons. But he didn't dot eyes on the dragons. Everyone came to ask him, "Why didn't you dot eyes on the dragons?"

Zhang Sengyou didn't answer. He just shook his head slowly.

A child came over to ask him again, "Mr. Zhang, the dragon you drew, has a long and thin body, small ears, a big mouth, black claws, white teeth, a long nose, and hair that is neither long nor short. Why don't you dot the eyes? Do you feel it's bad luck?"

Zhang Sengyou was very quiet. He thought for a moment and slowly replied, "No, it's not good luck or bad luck. You are right. Although those dragons have bodies, noses, hair, ears, teeth, and mouths, they have no eyes. I deliberately didn't paint them. Why? Because these dragons look so real, if I paint eyes on them, the dragons will just fly away!"

The people in the temple laughed. One person said, "Don't talk nonsense, it's just a painting! Why don't you try to **huàlóng diǎn jīng**, draw a dragon and dot the eyes!"

Zhang Sengyou finally agreed to use a brush to dot the eyes of the dragons.

As soon as he painted the eyes of two dragons, the ground under the temple began to shake, the wind became stronger, and it started to rain. Everyone was scared. The two dragons with eyes suddenly jumped into the sky and flew away.

3.

Draw Snake Add Legs

There once was a rich man who lived in a beautiful house in a small city. He had many servants. Although he was rich, he was still generous. One night, he gave his servants several pots of wine to drink. One of the pots of wine was particularly large and delicious. While the servants were drinking and chatting in front of the house, a servant suddenly stood up, and said loudly, "That pot of wine is the largest and the best. Who wants to drink it? Let's compete! Whoever wins will get the wine!"

The person standing next to him said, "Okay! But how should we compete?"

The servant looked at the ground and replied, "Let's compete by drawing snakes on the ground! Whoever finishes the snake first, will win the wine!"

Everyone agreed, and they immediately started drawing snakes on the ground. One person drew slowly, one person drew sloppily, and one person drew beautifully. Another person finished their drawing quickly. He saw that the others had not finished drawing the snake yet. He thought, "I drew a snake, and I drew it well! I'm so lucky, of course I will get the wine, but I still have a little time. Maybe I can perfect my drawing, but how can I make it even more perfect?"

The snake he drew was already perfect, but he still thought, "Should I draw eyes?"

"No, I shouldn't draw eyes. I should remember the story of **huà lóng diǎn jīng**, draw a dragon and dot the eyes. I don't want it to fly away!"

Then he thought, "I should give it four legs."

He was sure of this decision and went to give the snake four legs.

After he finished the drawing, he was about to drink the wine, and the people around him immediately said instead, "No! You can't drink it!"

He replied, "Why? I won; the wine is mine! I finished the snake first. My snake is perfect!"

One person said, "Although you drew the snake first, you added four legs afterwards. It's weird! Everyone knows that snakes don't have legs! Now your snake doesn't look like a snake, it just looks like a monster, so you didn't win the wine!"

He didn't know how to answer. He was disappointed to see other people were drinking from that special pot of wine. In the end, he had no wine to drink, and moreover his perfect painting lost its beauty. Now we know that we need not **huà shé tiān zú**, draw a snake and add legs, because if we do, we may lose everything.

4.

Self-Contradiction Spear Shield

Once upon a time, on a high mountain, there lived a merchant. He went down the mountain every Saturday to do business in the market. He sold weapons in the market, and his favorite weapons to sell were spears and shields.

One morning, he went down the mountain to the market, and it was busy and crowded. He started to sell his weapons. He was lucky, because there were many customers in the market in the morning, but there were fewer customers in the afternoon. The merchant thought about it and began to ask himself, "How can I sell even more weapons?"

He suddenly stood up and shouted, "Come quick and see! My weapons are strong and sharp! Come quick and see, the weapons here are the most special in the world!"

Then he picked up a spear and said, "My spear is the most famous and sharpest spear! It is so sharp that it can pierce the strongest shield in the world!"

He took a deep breath, and continued to say, "Come quick and see my shield and how strong my shield is! There is no spear in the world that can pierce it!"

A scholar standing next to him looked at the merchant and said, "What? I don't understand."

The scholar picked up the spear and the shield in front of everyone. He asked loudly, "You say that this spear can pierce anything and that this shield can block anything, right?"

The merchant replied, "Of course!"

The scholar continued to ask, "Tell me, what would happen if I used your spear to pierce your shield?"

The merchant didn't know how to answer. He thought about it, but he couldn't say a word.

As soon as the customers next to him heard what the scholar had said, they started laughing loudly. The weapon vendor felt embarrassed and blushed.

He immediately put away the weapons and quickly went back up to the mountain. From then on, the meaning of this story became the idiom, **zì xiāng máo dùn**, "self-contradiction spear shield," and this idiom has been passed down.

What do you understand from this story **zì xiāng máo dùn**? You must be careful when speaking and doing things! Don't talk nonsense, otherwise you will just be inconsistent in what you say and you will **zì xiāng máo dùn**, contradict yourself and be spear shield.

5.

Ride Horse, See Flowers

Long, long ago, in ancient times, in a small city in China, there was a cunning matchmaker. The matchmaker lived far away from the city center. Young people in the town came to her, hoping she could help them find a good husband or a good wife.

There was a hardworking man in the town, but he had a bad foot. The people in the town looked down on him. Since he couldn't find a suitable wife, he decided to ask the matchmaker to help him.

There was also a young woman in the town. She had a good heart, but her nose was broken and curved. So, the people in the town also looked down on her. Since she couldn't find a suitable husband, she also decided to ask the cunning matchmaker to help her. The two of them went to the matchmaker's house for help, separately.

After receiving the requests for help, the matchmaker thought, "I want to introduce a good wife to that young man, what should I do?"

After a few days, the matchmaker thought again, "I also want to introduce a good husband to that girl, what should I do?"

After a while passed, the matchmaker came up with a cunning idea.

In order to get the two people to meet, the matchmaker had the young man ride a horse in front of the girl, so the girl couldn't see how he walked. The matchmaker also had the girl put a bunch of flowers in front of her, so the young man couldn't see her face clearly.

When they met, they glanced at each other quickly and the young man just rode by. The girl thought he was handsome. The young man thought the girl was beautiful. They both felt they were lucky. Later, they decided to get married. But on the wedding day, both of them felt disappointed with each other's true appearance. They complained to the matchmaker, but the matchmaker said, "You both are too ride horse see flowers, **zǒu mǎ kàn huā**! You want everything, but you both also have shortcomings."

In the end, they got married, but both vowed never to make decisions about their own affairs casually again, and never, would they superficially assess a situation, ride a horse, and see flowers, **zǒu mǎ kàn huā,** again!

6.

Old Horse Knows the Way

During the Spring and Autumn Period, the Qi army went to war. When the soldiers left the capital, they took many horses, weapons, and daily necessities with them. When they returned in winter, they came upon a valley. The soldiers got lost. It got darker and colder, started to snow heavily, and everyone was worried.

A man named Guan Zhong asked the soldiers, "On the way back, we didn't pay attention to the road, we only **zǒu mǎ kàn huā**, rode on horseback and saw flowers. Now we are lost, who knows how to get back to the capital? Should we go east, west, south, or north to get home?"

A soldier said, "I know! We need to go forward, walk about twenty-five miles, and we will be there."

Another person replied and said, "No, no, no! I have been here, so I know how to go. We are very close to the capital. We need to go to the right first, then turn left, and then keep going until we get there."

Another soldier said, "No! You have never been here. I used to be a Feng Shui master, so of course I know the direction. We are not close to the capital. We need to go forward first, walk down three roads, then walk northwest, and finally walk southeast, and then walk to a river, walk about fifty miles more, turn right, and we will get there!"

Another soldier said, "He is talking nonsense! No one knows the right direction! What rotten luck! What should we do?"

Everyone became very worried. The temperature dropped and

the weather became colder. Guan Zhong thought about it a bit. He thought, "What should we do? We are really lost. We don't have a map or compass, and we don't know which direction to go."

He walked as he thought about it. Suddenly he heard the howling of wolves. It sounded not far from him. Everyone was scared. Upon hearing the howling of wolves, he suddenly remembered that old dogs always knew the right direction back, and this gave him an idea.

Guan Zhong said, "Let's try to let a few old horses lead the way. Maybe they can help us find the way home!"

One person replied, "Old horses? How can they know the way? They are too old."

Although that soldier was unwilling to give it a try, other soldiers selected a few old horses and put them in front. The old horses started to walk forward, very slowly. No one could believe them, but they knew how to go back. The old horses slowly took them back home.

From then on, everyone knew the famous story of **lǎo mǎ shí tú**, old horse knows the way. This idiom's meaning is that the older people are, the more experienced they are, and we should respect them. Experience is extremely important!

7.

Old Man on Border Loses Horse

How can you know your destiny? Is a person's true destiny lucky or unlucky?

Long ago there was an old man. He had a beloved son. He also had several beautiful horses. He and his son lived close to the Hun Empire, near a pass in northern China. One day, several of his horses accidentally entered Hun territory.

His family thought it was a very unlucky thing.

One person said, "lǎo mǎ shí tú, old horses know the way, maybe the horses can find the way back."

Another person said, "These horses are young, it's impossible for them to know the way, what bad luck!"

But the old man said, "Who of us knows if this will or will not be bad luck?"

The old man's son was worried, and he decided to go with his father to get their fortunes told. They went together to see a fortune teller who lived on a small road far away. They asked the fortune teller to read their faces.

The fortune teller looked at the old man and told him, "Your nose is not high, your ears are not big or small, and your eyes are dark. You will get what's coming to you in a few months! Three hundred *wen*, thank you."

They paid and went home. They were a bit unhappy, but this was their fate, what could they do? However, a few months later, those horses and other horses came back from the Hun territory. Now the old man had even more horses than before. Everyone came to congratulate him. Everyone said, "You are so lucky!"

But the old man said, "Who knows if this will not be bad luck?"

The old man's son decided to go find a fortune teller with his father again. This time, they went to the temple together to see a palm reader. As soon as the palm reader looked at the old man's son's hand he said, "Your fingers are not big or small, but your love line is very short and your wealth line is also very short. You and your family will suddenly get a lot of money in the New Year but will lose everything later. However, your fated line is very short! Be careful, you are already doomed! You will be crushed by life! Four hundred and fifty *wen*, thanks."

They paid and went home to think about what the palm reader had said. They didn't know what to do. His son was getting more and more disappointed. But this was his fate, what could he do?

The old man had many good horses. The old man's son loved riding horses. One day, the son went horseback riding and fell off the horse, and the horse crushed his leg.

Everyone said, "What bad luck!"

But the old man said again, "Who knows if this will not be good luck?"

The old man's son decided to see a fortune teller once again, but the old man didn't go. The fortune teller said, "I see! You reap what you sow. You will be in big trouble! Others will get a very important opportunity, but you won't. Five hundred *wen*, thanks."

The old man's son paid the money and then went home. He was sad, but this was his fate, what could he do? He decided he had better believe in the will of heaven.

A year later, the Huns invaded China, and all healthy men went to join the war. The son couldn't go because his leg had been crushed by the horse. Most of those who joined the war died. But, because the son didn't go, he was saved.

Therefore, the story of **sài wēng shī mǎ,** old man on border loses horse, tells us that it is difficult to say what is good luck and what is bad luck. It is difficult to know a person's true fate. Sometimes bad luck is also good luck, and good luck is also bad luck. **Mìng yùn wú cháng** means fate is unpredictable, and this situation will continue forever, so no one can truly understand it.

8.
Horse Horse Tiger Tiger

Long ago, there was a painter. He lived in a small city. He went to the temple every day to burn incense and worship the Buddha. He liked to look at the paintings on the temple walls. There was a beautiful painting of a dragon on the temple wall, but that painting had no eyes. He thought, "Painters should really **huà lóng diǎn jīng,** draw a dragon and dot the eyes, add the finishing touches."

The man liked to paint dragons and horses, but he liked to paint tigers the most. He was an excellent painter, but he didn't paint seriously. He was lazy and didn't want to spend a lot of effort on painting. He was also not good at business, his luck was bad, and business was slow. He couldn't sell his paintings. However, one day, a customer came to his painting shop.

The painter said, "Hello! Welcome!"

The customer replied, "Hello, your paintings are beautiful. How much is one?"

"It depends. What kind of painting do you want to buy? Paintings with dragons are the most expensive, five hundred *wen* per painting."

"Well, how much for paintings of horses and tigers?"

"Paintings with horses and tigers have different prices, three hundred *wen* each."

"Can you give me a lower price? Two hundred *wen* for each painting with horses, okay?"

The painter replied angrily, "What? This is not a market, you can't bargain."

The customer said, "Really? Then forget it, I'm leaving."

The painter wanted to sell his paintings, so he replied, "Wait a minute, okay, okay, two hundred and seventy *wen* per painting? Okay?"

The customer was stingy. He replied, "Two hundred and sixty *wen*, okay?"

The painter replied, "Okay."

The customer quickly paid three hundred *wen*.

The painter replied, "Thank you so very much. Here's forty *wen* back. Come back to pick up your painting in two weeks."

The painter was happy that he sold a painting, but he did not paint it seriously. A few weeks later, the customer returned. The painter showed the customer his painting of a horse. But when he saw his painting, the customer was surprised. He thought he had bought a painting of a horse, but the animal in the painting had a horse's head and a tiger's body, which was very strange!

The customer said, "I don't understand, I bought a painting of a horse, didn't I?"

The painter replied, "Yes."

"But it's not a horse, it's a 'horse-tiger.'"

The painter replied lazily, "Horse, horse, tiger, tiger, what's the difference?"

The customer replied, "What's the difference? It's completely different. A horse is a horse; a tiger is a tiger."

The painter said, "Haha, it's ridiculous. At first you didn't want to spend a lot of money, but you also want a perfect painting.

Horse, tiger, it's more or less the same."

The customer said, "Oh my God! Is this the way you do business? Forget it. I'm leaving."

After the customer left, the painter didn't know what to do. His painting didn't sell, so he put it on the wall of his living room. One morning a few weeks later, his youngest son came to the living room and asked him, "Dad, what's this painting?"

The painter replied, "It's a tiger painting."

In the afternoon, his eldest son came to the living room and asked him, "Dad, what's that painting?"

He replied, "It's a horse painting."

The next day, his youngest son went to visit a friend at a neighbor's house. His friend was very rich. They had cats, dogs, and a big, expensive horse. That afternoon his friend showed him his horse. As soon as the youngest son saw the horse, he said, "Ah! Be careful! That's not a horse, that's a tiger!"

Then the youngest son killed his friend's horse. The horse was very expensive. The painter had to pay a lot of money to his son's friend's family.

A month later, his eldest son went hiking. When he reached the top of the mountain, he just carelessly, **zǒu mǎ kàn huā,** rode a horse and saw flowers, and wanted to rest, but he accidentally encountered a tiger. He thought it was a horse, so he tried to ride it, but he was killed by the tiger. The painter was very sad!

From then on, people from all over heard the story of the horse tiger, **mǎ hu,** painter, and everyone called him Mister **mǎ mǎ hū hū**. So, henceforth, horse horse tiger tiger, **mǎ mǎ hū hū,** has been used to describe people who do things carelessly.

9.
Mister Good Good

There once was a man named Sima Hui. Sima Hui often liked to go to the market and buy things. Every month he went to the vegetable market, the fish market, the flower market, the fruit market, and the jade market. He went to the morning market to eat breakfast every morning and went to the night market to buy snacks in the evening.

One day, when he was buying tofu in the vegetable market, he heard a homeless man shout, "There is something wrong with the government of our country. It's too corrupt!"

Then the man was taken away by the police.

The next day, when Sima Hui was buying fruit in the fruit market, he saw a customer looking down on the fruit there. He said, "Boss, your fruit is terrible! There's no taste!"

The fruit seller drove him out. A few minutes later, another customer came and tasted the fruit. Then he said, "Boss, your fruit here is delicious! It's so sweet!"

The fruit seller was happy to hear this and gave the customer a few free apples. Sima Hui saw this all and thought, "Interesting, it seems that everyone only wants to hear good things and doesn't want to hear bad things. So, from now on, I will only say good things!"

The next day a friend came to Sima Hui's house to see him. They were drinking tea and chatting in the living room. His friend asked him, "How have you been doing recently?"

Sima Hui happily replied, "Good, good!"

His friend continued, "You know, next week, we are moving to this neighborhood. I will be your neighbor, how lucky!"

Sima Hui happily replied, "Good, good!"

Then his friend suddenly started to cry. He said sadly, "Actually, Sima Hui, I want to tell you. My son died this year, and I'm very sad."

Sima Hui happily and carelessly, again replied, "Good, good!"

His friend said angrily, "What? Didn't you hear clearly? My son died. Why do you answer 'Good, good!' to everything? It's really infuriating!"

Sima Hui thought about it, and then carelessly still replied, "Good, good!"

His friend shouted angrily, "I'm leaving!"

His friend got up and left. Sima Hui was confused. Although he felt sorry for his friend, he still didn't want to say bad things and only wanted to say good things. In the end, he had nothing to say at all.

After hearing Sima Hui's story, everyone felt that they should no longer call him Sima Hui, but should call him **hǎo hǎo xiānsheng**, Mister Good Good.

10.

Monks Cross River

Long ago, an old monk and a young monk were traveling together. They had just returned from the Silk Road. On the Silk Road, they met a famous monk named Xuanzang. They also met an annoying monkey named Sun Wukong. Xuanzang taught them how to meditate and how to believe in the Buddha, but Sun Wukong didn't teach them anything. The two monks were bringing back many Buddhist scriptures to China.

One day, while traveling, they came to a river. The river was deep and flowing fast. As the monks were preparing to cross the river, they saw a young and beautiful woman who was also preparing to cross the river. She wore a blue dress, a yellow hat, and wore a pair of brown shoes. She had an oval face, long black hair, a small nose, a red mouth, medium-sized eyes, and small ears. She also carried a gourd by her side.

When she saw the monks, she asked, "Excuse me, Masters, can you help me cross the river? The water is flowing very fast, I don't know how to cross the river, and I don't have a boat."

The young monk didn't know what he should say. He said to the old monk, "She's a woman. We cannot touch her. I don't believe her either! Maybe she's a demon!"

The young monk said to the woman, "What do you have up your sleeve?"

She replied, "Me? Nothing, I just want to cross the river, please help me."

Upon hearing this, the old monk immediately picked up the beautiful woman, carried her across the river, and gently placed her on the other side of the river, then the woman left. They continued on their journey again.

The young monk couldn't believe what had just happened. After a few hours, he finally asked, "What were you doing? We believe in Buddhism, don't we? Buddhist monks are not allowed to touch women. How can monks cross the river, hé shang guò hé, like this? How could you carry her across the river?"

The old monk glanced at him and replied, "I know we believe in Buddhism. I have already placed her down on the other side of the river earlier, but why are you still carrying her?"

The young monk was speechless.

11.

The Frog in the Well

Long ago, at the bottom of a deep well, there lived a frog. Although the well was deep and dark, the frog loved it. It was its home. The frog also liked to have guests come over. When guests came, they often drank tea, chatted, and ate together in the living room. The frog never left, but it was satisfied with its life at the bottom of the well.

One day, a turtle walked to the well. It looked down and saw the frog at the bottom of the well, lying in the water and drinking wine. The turtle said, "Hello!"

The frog looked up at it, and said, "Hello, may I ask, what is your honorable surname?"

The turtle replied, "My surname is Wang, and my name is Jingzhen. What about you, what's your honorable surname?"

The frog said, "My surname is Li, and my name is Qingmeng. It's nice to meet you! Please come in, sit down, and have some tea."

The turtle wanted to go down to the well to drink tea, but the well mouth was too narrow. It couldn't move and couldn't get down. The turtle could only stay at the well's edge and say, "Okay, thank you! It's nice to meet you too!"

The frog said, "Would you like to drink black tea or green tea?"

The turtle replied, "Please give me a cup of green tea, thank you."

The frog said, "You're welcome. But I'm sorry! The well entrance is too narrow, and you can't come down to see the best well in the world."

The turtle replied in surprise, "Your well looks big and beautiful, but is your well really the best place in the world?"

The frog immediately said, "Of course! My well is the most comfortable, and quietest."

The turtle said, "Your well is not bad, but you have never left it once, right?"

The frog said, "Yes, what's wrong with that?"

The turtle said, "You really should go see the sea and the scenery, flowers, mountains, rivers, forests, and the world!"

The frog said, "What's so good about the world? I'm very comfortable here."

The turtle replied, "Comfortable is comfortable, but you've never been out, how do you know what the outside world is like? You should not **wù lǐ kàn huā**, look at flowers through fog. Your perspective is as narrow as this well!"

The frog didn't answer, he just thought about it. The next day he decided to leave the well and see the world. Ever since, this idiom, **jǐng dǐ zhī wā**, the frog in the well, is used to describe people with narrow thoughts and views.

12.

Foolish Old Man Moves Mountain

Long ago, in a small mountain village, there lived an old man in his nineties. He couldn't hear well, he couldn't see clearly, and his legs were not good. He was also soft spoken. Everyone thought he knew nothing. They thought he was stupid, so they called him Yugong.

However, Yugong was full of life. He liked to learn new things every day. He thought people should live and learn well into old age. There were two big mountains in front of Yugong's house. There was also a park at the foot of the mountain. Yugong went down the mountain every day to go to the park. But he had to pass over the two mountains to get there, which was very troublesome.

Yugong liked to go to the park to play chess on Monday morning, practice Tai Chi on Tuesday morning, play mahjong on Wednesday afternoon, go bird watching on Thursday morning, dance on Friday afternoon, play ping pong on Saturday afternoon, and drink old man's tea on Sunday afternoon. Because he was an old man, he really liked to drink old man's tea.

One day, he went to the park to watch a cricket fight. As he was leaving, he looked at the two mountains. He looked at them for a long time, and he thought, "The two mountains are right in front of my house. I must pass over the mountains every day just to get to the park, but it takes a long time to pass over them. It's too tiring!" As he walked, he thought, "I really can't stand those two mountains anymore. What should I do?"

Yugong suddenly thought, "Oh my God, I should move the

mountains away! I must tell others I will move the mountains!"

Since he had already decided this, he quickly walked down the mountain and went to the park. At the park, he saw everyone drinking tea and smoking. Yugong greeted them.

"Hey Yugong, hello!" they replied.

Yugong said, "I've decided to move away the two mountains in front of my house tomorrow."

When everyone heard this, they started laughing. They said, "Old man, what did you just say? My God, you are so ridiculous!"

The person standing next to him said, "You can't move those two mountains! First, you are too old! Secondly, how can a person possibly move mountains?"

Yugong pointed to the heavens and answered angrily, "I can definitely move mountains! You just wait and see!"

The person standing next to him said, "Grandpa, you are ninety years old. A healthy young man can't move mountains in his lifetime; how can you succeed?"

Yugong replied, "You still don't understand, just like **jǐng dǐ zhī wā**, the frog in the well. I have children and grandchildren, and my children and grandchildren will have children. Generation after generation can continue to move mountains. So, one day I will succeed!"

After saying this, he quickly went up the mountain and home.

The next day he got up early but didn't go to the park. He asked his wife, "Do we have a pickaxe?"

The wife replied, "Yes!"

Then he picked up the pickaxe, and took his wife, eldest son, daughter, and youngest son and went to the mountain to work together. They worked hard all year round, and everyone looked down on him, and thought he was ridiculous.

But one night, from the skies, the Emperor of Heaven saw Yugong working hard till late at night. Because he knew that Yugong was hardworking, and moreover believed in the will of heaven, he decided to help him fulfill his dreams. He moved the mountains for Yugong and his family. The next day, when Yugong woke up, he walked out of his house and was surprised to find that the two mountains were gone. The mountains had been moved!

Everyone knew about the story of Yugong, **Yúgōng yí shān**, the foolish old man moved the mountains. From then on, no one ever called Yugong stupid again. In fact, he was smart because he knew if you work hard and go after your dreams, you can move mountains!

13.

Guard Tree Stump, Wait for Rabbit

In ancient times, there was a farmer. His life was the same every day. He got up at five in the morning and took a shower at five-thirty, brushed his teeth at six, and had breakfast at six-thirty. At seven, after breakfast, he went to work.

He went home to have dinner at nine-thirty in the evening, washed the dishes at ten, he read the newspaper at ten-thirty, and went to bed at eleven. Although he was in good health, he didn't like working every day. He felt that working every day was hard and boring. He was a little lazy.

One day, the weather was hot and he was working in the fields. Suddenly, he saw a strange animal run towards him. He thought it might be a cat, but it wasn't, and he thought it might be a dog, but it also wasn't. When he looked carefully, he realized it was a rabbit! The rabbit ran over; it ran so fast that it frightened itself to death when it reached the tree. The farmer immediately took the rabbit home and roasted it and had a big meal. He was very happy!

He began to think, "Oh my god! How lucky am I! I don't have to work hard every day. I just need to rest under the tree every day, wait for a rabbit to run over and die. That's all!"

The next morning, he got up at five o'clock again, took a shower at five-thirty, brushed his teeth at six, and had breakfast at six-thirty. After breakfast at seven he went back to the fields. But this day, he decided not to work. He just sat under a tree, and waited for a long time, but no rabbit came.

At three o'clock in the afternoon, he thought, "I was lucky

yesterday, but what should I do today? It's so strange! I waited for a long time, but the rabbit still hasn't come. Should I wait longer? What rotten luck!"

He waited for a long time, but the rabbit didn't appear, so he went home late.

From that day forth, he kept waiting for a rabbit to come, he no longer planted crops, but just **shǒu zhū dài tù**, guarded a tree stump and waited for a rabbit. Afterwards, all his crops died, and he didn't have any harvest at all. Finally, he could not make a living, and people around him all laughed at his good luck story.

14.

Fox Assumes Tiger's Power

Long ago, in a faraway mountain forest, there lived a cunning fox. Although he was small and thin, he was smart. There was also a big and powerful tiger in the forest. Although he was powerful, he was not too smart.

There were not only foxes and tigers in the forest, but also many other animals. There were monkeys, pandas, snakes, elephants, birds, and rabbits. One day, when the fox was walking in the forest, the big and powerful tiger suddenly appeared. It caught the fox and said to it, "Mr. Fox, I'm very hungry! I want to eat you!"

The cunning fox replied arrogantly, "Really? You can't eat me! I was appointed by the will of heaven to be the king of all beasts. Don't you believe in the will of heaven?"

The tiger replied, "How ridiculous! You? You are just a small, proud fox. How can you be the king of all beasts? I'm hungry now and want to eat you for lunch!"

The fox quickly said, "Wait a minute! In addition to me, there are many delicious animals in the mountains, such as monkeys, pandas, snakes, elephants, birds, and rabbits. Don't you want to eat them?"

The tiger replied, "Actually, I wanted to eat a rabbit recently. I met a farmer when I was in the mountains, and he told me that if I want to eat the animals there, I need only to **shǒu zhū dài tù**, guard a tree stump and wait for a rabbit. However, I waited by the stump for several days, but the rabbit didn't show up!"

The fox said, "What? Of course, you can't just **shǒu zhū dài tù!**

It's as if you don't understand anything, follow me. I am the king of all beasts. Follow behind me and see how all the beasts are towards me!"

At first, the tiger didn't want to walk behind the fox. The fox insisted that he walk behind him.

The tiger said, "Let me walk on your left or right, but I don't want to walk behind you. Is that okay?"

"No."

"But, what's the difference between walking on the left or right, inside or outside, up or down, east or west, south or north?"

"Of course it's different, they are completely different. You can only walk behind me, and that's it!"

They went deep into the forest. The tiger walked behind the fox. The fox walked in front of the tiger. When all the beasts saw the tiger, they quickly ran away. They were scared. The tiger thought everyone was afraid of the fox, but in fact they were afraid of the tiger.

The tiger said, "Wow! You really are the king of all beasts appointed by the will of heaven!"

The fox replied cunningly, "Well, of course!"

Because the tiger respected the will of heaven, he let the fox go. Unfortunately, the tiger didn't know the truth, but other animals knew the fox had cunningly assumed the power of the tiger. So, the saying fox assumes tiger's power, hú jiǎ hǔ wēi, refers to using another's power to oppress others.

15.

Clam and Sandpiper Fight

Long ago, by a river, there was a clam and a sandpiper bird. The sandpiper flew down and wanted to eat the clam. The clam shut its shell and trapped the bird inside. At the same time, the bird bit at the body of the clam. They were both stuck in the clam's shell and couldn't get unstuck, so they started to quarrel.

The clam said, "I will never open my shell, even if I die!"

The sandpiper said, "I will never open my mouth, even if I die!"

The clam said, "Let go!"

The sandpiper replied, "No, unless you open your shell first."

The clam said, "No! No way! I'm not a **hǎo hǎo xiānsheng,** a yes-man."

The sandpiper said, "Is that so? Well, let's wait and see! If it doesn't rain today and it doesn't rain tomorrow, there will be a dead clam here!"

The clam replied, "Really? If I don't open my shell today and I don't open my shell tomorrow, there will be a dead sandpiper here!"

Then, they continued to argue again. The clam said, "If you want to win, it isn't difficult, whoever is the smartest will succeed. Isn't it so?"

The sandpiper replied, "I don't agree. Brains are important, but the most important thing is whether you have strength! If not, how can you win?"

While they were in the middle of arguing, a fisherman came over and said, "You guys! I see there's a quarrel by the river today! Haha! However, I'm sorry, I must tell you, whether you have strength or whether you are smart, the one who will win today is me!"

They both began to shout, "No fair! This is our quarrel!"

The lucky fisherman replied, "Haha! Unfair is unfair, but that's life! In fact, that's also war. When the sandpiper and clam fight, **yù bàng xiāng zhēng,** it is I who win!"

The two of them shouted again, "What rotten luck! No! You can't eat us!"

They both wanted to flee and to escape their fate, but it was too late. The fisherman put the clam and sandpiper in a basket, took them both home, and made a delicious supper.

It turns out that when **yù bàng xiāng zhēng,** the clam and sandpiper fought, in the end the true winner was the fisherman!

16.
Thinking of Plums to Quench Thirst

In ancient times, the famous politician Cao Cao led his troops to fight. They fought from winter to summer. Eventually they came upon a barren mountain. The sun was strong and the weather was hot. They could not find any water to drink.

One soldier said, "I am thirsty! The weather is too hot!"

Another soldier also said, "I am thirsty too! I can't go on like this anymore. Why is there no water here?"

The soldier standing next to him also said angrily, "This barren mountain is too hot. Because it's sunny today, the weather is hot and dry. The weather may be even hotter tomorrow. What should we do? There's no water here, and we will soon die of thirst!"

Cao Cao's generals were getting increasingly worried. One of the generals said to Cao Cao, "I think we should let the experienced soldiers go find water. They will know the way to go, just like **lǎo mǎ shí tú**, old horse knows the way, right?"

Cao Cao replied, "No, our soldiers are all young and inexperienced. How can they help us find water to quench our thirst?"

The general said, "Is there really nothing we can do? Then we can only eat bitterness."

Cao Cao immediately replied, "What did you just say? Eat bitterness?"

This gave him a good idea. He immediately shouted, "Everyone come here! I have good news to tell you. We are so lucky! If we go forward, pass three mountains, and then go northeast, we will reach a very dense plum forest. The plums there are sour and sweet, and delicious! They can also quench thirst and solve our problem of no water. Everyone carry on and go there to eat plums!"

When the soldiers heard the good news, they all started saying, "Wow! What good luck!"

They immediately rode their horses to go to the plum forest. The weather was hot. They kept thinking about eating sweet and sour plums, and as they rode, they kept drooling. It was as if thinking about plums could quench their thirst.

In the end, the soldiers did not find the plum forest that Cao Cao talked about, but **wàng méi zhǐ kě,** thinking of plums to quench thirst, helped them leave the barren mountain, and not long after they left the barren mountain, they found water.

17.

Kill Chicken Scare Monkey

In ancient times, in a mountain village, there lived a street performer. He made a living by performing every day, and he liked to perform shadow puppetry. He worked hard, but he didn't make much money. He often thought about how to make more money. One day, he decided to buy a monkey to help him perform. He bought a monkey that was cute, smart, but a little naughty.

This monkey had many skills. It could dance and sing at the same time and could also draw and run. It also had many hobbies. In addition to being interested in playing games and flying kites, it was also interested in doing sports. Although it was very smart, it often did not listen to its owner.

One day, the performer said to the monkey during his performance, "Monkey, when I play the drum, you have to dance."

The performer played the drum, but the monkey did not move.

The performer said to the monkey again, "Monkey, didn't you hear clearly? I said, when I play the drum, you should dance."

The performer played the drum again, but again the monkey did not move.

The street performer beat the drum for the third time, and then shouted to the monkey, "Monkey, you have to dance now!"

But the monkey still did not move, it just shook its head.

The street performer was embarrassed in front of the audience. He thought to himself, "What rotten luck! I bought such an annoying monkey, I will never let him appear in front of everyone and make me lose face again!"

That night, the street performer went home. He was angry because he had earned very little money that morning and it was not enough to live on. In fact, there was only a little rice left in his house. When he saw his empty rice bowl, he sighed, "What should I do? How can I make the monkey obey? It has no respect for me at all and is not afraid of me."

He was tired and fell asleep on the table. When he slept, he dreamed of a big, beautiful golden rice bowl. There was a lot of rice in the rice bowl, and there was delicious roasted chicken in it. He drooled in his dream. At dawn, he was awakened by the sound of a rooster crowing.

When he woke up, he came up with a good idea.

He went to the market in the morning to buy a rooster and then took the monkey and the rooster back together to perform and make money.

This time, when they performed, he told the monkey again, "When I beat the drum, you will perform."

The performer beat the drum again, but the monkey still did not move.

The performer was angry, but this time he did not talk to the monkey but, instead said to the rooster, "Rooster, when I beat the drum, you will perform, do you understand?"

The performer beat the drum, but the rooster also did not move. The performer immediately killed the rooster with a knife in front of the disobedient monkey. When it saw this, the monkey was shocked.

It was scared, and the performer turned around and shouted to the monkey, "Monkey, when I beat the drum, you will dance!"

The performer beat the drum slowly, but this time the monkey immediately started to dance obediently.

From then on, the monkey's behavior was no longer the same as before, and it became a **hǎo hǎo xiānsheng,** a yes-man. The performer learned that if he wanted the monkey to be obedient, he did not need to scold it. In fact, it is useless to scold others. It is best to just kill chicken scare monkey, **shā jī jǐng hóu**. From then on, the monkey dared not disobey again, and the performer made a lot of money every day.

18.

Kill the Hen that Lays the Golden Egg

Once upon a time there was a poor farmer. He worked hard all day long, every day, but he was still poor. His house was small. His wife scolded him every night for not making enough money. His house was cold in the wintertime.

The New Year was coming soon. His grandfather, his wife, his son, and his daughter were all preparing to celebrate the New Year together. They were going to set off firecrackers, make dumplings, give out red envelopes, hang Spring Festival couplets, eat rice cakes, hang blessing characters, wear red socks, and wear new clothes.

On the afternoon of the Spring Festival, they went out to visit relatives and friends and pay a New Year's call, and when they returned, they met their neighbors. The neighbors were rich. They had a big and beautiful home and were warm in the wintertime. They all went to greet each other.

The farmer said, "Happy New Year!"

The neighbor replied and said, "Happy New Year! Do you know what year this year is?"

The farmer said, "This year is the Year of the Rooster. What's your zodiac sign?"

The neighbor said, "I'm a pig. What about you?"

The farmer said, "I'm a rooster."

The neighbor replied, "This year is your year. Congratulations to you on your prosperity in the New Year!"

The farmer said, "Thank you, and I also wish you good luck this year! Goodbye!"

The neighbor said, "Goodbye!"

Then they went home. The farmer felt uncomfortable as he went home. In fact, the farmer didn't really like his neighbor very much because he was a little arrogant. Although he was rich, he was still narrow-minded.

That night, the farmer's home was cold, and he drank a lot of wine. He was angry and thought, "That rotten guy, how could he say congratulations to me on my prosperity in the New Year? It's ridiculous! He must be saying the opposite!"

He was a little tired, so he thought and thought, and fell asleep. He dreamed of the twelve zodiac animals' competition, but this year, the rat did not win, instead it was the rooster that won. The Emperor of Heaven chose the rooster as the first animal of the twelve zodiac animals. But suddenly the Year Monster appeared and ate the rooster in one bite!

The farmer was awakened by the dream, and he was sweating. He felt uncomfortable because of the dream, and the house was still cold. In the morning, he got up to feed the chickens. He saw the hen lay eggs. He couldn't believe his eyes because he saw golden eggs. It turned out that he had a hen that laid golden eggs! He immediately went to tell his wife and family. Everyone came out to see the hen that laid golden eggs.

The farmer shouted happily, "Wow! How can my luck be so good! I really got rich!"

That year, the poor farmer and his wife bought silk clothes, a new house, and beautiful jade jewelry. Because the hen laid a golden egg every day, they became richer and richer.

After a few months passed, the farmer began to feel dissatisfied. He became increasingly arrogant and narrow-minded. One morning, while the farmer drank tea and ate tea eggs with his grandfather, he said, "Grandpa, I am rich now and my luck is so good, but I am still not satisfied. I don't know why."

His grandfather quietly answered, "Are you sure your luck is good? No one can be sure. Do you still remember the story of **sài wēng shī mǎ**, the old man on border loses horse? It is hard to know one's true fate, and whether luck is good or bad, is also hard to know. You had better believe in the will of heaven."

The farmer laughed at him and said, "Nonsense! Idiom stories? What's the point? Why should I learn very ancient stories? What does it have to do with our modern life? I don't want to believe in the will of heaven, it's ridiculous."

The grandfather replied, "Of course we have to learn idiom stories, because they are useful. There are good people and bad eggs in the stories. Who do you want to be? You are already rich, don't be too greedy."

The farmer went to feed the chickens in the afternoon. He looked at the hen that laid golden eggs and thought, "This hen only lays one golden egg a day. It's too little! How can I make it lay more golden eggs? I should kill another hen in front of it, just to **shā jī jǐng hóu**, kill the chicken to scare the monkey!"

He thought about it again. "No, I could kill it, then cut open its stomach and take out all the golden eggs. This way I will be even richer!"

The farmer thought it over, and he decided to kill the chicken to get the eggs, **shā jī qǔ luǎn**. But, when he opened the hen's stomach, it was empty! There was not a single golden egg! Just then, his wife came in and saw the dead hen that had laid golden eggs, and said, "What did you do? How can you **shā jī qǔ luǎn!** You're an idiot!"

From then on, the farmer and his family became poorer and poorer because they were too greedy, did not listen to their grandfather, did not learn idiom stories, and spent all their money. In the end, they had no golden eggs, no money, and no expensive house, and could only return to their old cold home.

Epilogue

Why should we study idiom stories? Because these idiom stories have a great deal to do with our modern life. There are good people and bad eggs in idiom stories. What kind of person do you want to be? You can find the answer by studying the idiom stories well.

No one knows what to do to attain good luck. It is difficult to say what good luck and bad luck are. Also, who knows what real destiny is or how to find the right direction in life? Have you ever met an experienced old horse? Have you ever met a cunning fox? Whom should we follow?

If you can't find water in the barren mountains, is there really a large and dense plum forest just ahead of you? Are you sure? Who knows whether to go east, west, south, or north to get home?

It is hard to imagine how to move mountains. It is also hard to imagine how to cross a river without a boat. It's hard to imagine how to know the way home without a compass or a map. It is hard to imagine that you can **mǎ mǎ hū hū**, horse horse tiger tiger, carelessly, **zǒu mǎ kàn huā**, ride on horseback and see flowers, to know who is in front of you, just by taking a quick glance.

When you do things, you should not **wù lǐ kàn huā**, look at flowers through fog, or if your life's circumstances are like a well, then you should also not be a **jǐng dǐ zhī wā**, frog in the well. You also can't **shǒu zhū dài tù**, guard a tree stump and wait for rabbits! You should also not be a **hǎo hǎo xiānsheng**, a yes-man, and always **zì xiāng máo dùn**, contradict yourself and be spear shield. However, if you **shā jī jǐng hóu**, kill the chicken to scare the monkey, or **shā jī qǔ luǎn**, kill the hen that lays the golden eggs, what will you get in the end? Absolutely nothing.

I don't want to **huà shé tiān zú**, draw a snake and add legs, but I do want to **huà lóng diǎn jīng**, draw a dragon and dot the eyes. Just as the old idioms tell us, whether a person is lucky or unlucky, goes forward or goes backward, finds a good or bad husband or wife, is close to home or is away from home, makes money or loses it, is all determined by fate, so it is all hard to say. **Mìng yùn wú cháng**, fate is unpredictable, but one thing is for certain, you should at least believe in the will of heaven, otherwise... well, you're finished.

Glossary

啊	a	ah, oh, what
爱(情)	ài (qíng)	love
爱好	àihào	hobby
安(静)	ān (jìng)	quiet, peaceful
安排	ānpái	to arrange
傲慢	àomàn	arrogant
吧	ba	(indicates assumption or suggestion)
把	bǎ	(measure word for gripped objects)
爸(爸)	bà (ba)	father
拜	bài	to worship
百	bǎi	hundred
白(色)	bái (sè)	white
白白	báibái	in vain
拜年	bàinián	pay a New Year call
办	bàn	to do
半	bàn	half
搬(动)	bān (dòng)	to move
办法	bànfǎ	way, method
帮(助)	bāng (zhù)	to help
包	bāo	to wrap, bag
抱歉	bàoqiàn	to regret
报应	bàoyìng	retribution
抱怨	bàoyuàn	to complain
报纸	bàozhǐ	newspaper
被	bèi	(particle before passive verb)
辈	bèi	generation
北	běi	north
背	bēi	to carry on back

杯(子)	bēi (zi)	cup
本(来)	běn (lái)	originally
笨蛋	bèndàn	fool
比	bǐ	compared to
笔	bǐ	brush
必(须)	bì (xū)	must
边	biān	side
变(成)	biàn (chéng)	to change, to become
鞭炮	biānpào	firecracker
表演	biǎoyǎn	performance
别	bié	do not, other
兵	bīng	soldier
并不	bìng bù	not
冰冷	bīnglěng	cold
比如	bǐrú	for example
比赛	bǐsài	contest
鼻子	bízi	nose
不	bù	no, not
部(分)	bù (fèn)	part, portion
不了	bù liǎo	unable to
不清楚	bù qīngchu	not sure
不再	bú zài	no longer
不得不	bùdébù	no choice but to
不够	búgòu	not enough
不过	búguò	but
不见了	bújiàn le	gone
不仅	bùjǐn	not only
不久	bùjiǔ	not long ago, soon
不想	bùxiǎng	in no mood
不幸	búxìng	unfortunately

不行	bùxíng	no way, out of the question
才(能)	cái (néng)	can only, talent
菜市场	cài shìchǎng	marketplace
参加	cānjiā	to participate, to join
茶	chá	tea
差不多	chàbuduō	almost
常	cháng	often
长	cháng	long
场	chǎng	field, (measure word for events, performances, occasions)
唱(歌)	chàng (gē)	to sing
吵醒	chǎoxǐng	wake up
茶叶蛋	cháyèdàn	tea egg
城(市)	chéng (shì)	city
成(为)	chéng (wéi)	to become
成功	chénggōng	success
成语	chéngyǔ	idiom
吃(饭)	chī (fàn)	to eat
吃掉	chī diào	to eat up
吃完	chī wán	finish eating
吃惊	chījīng	to be surprised
吃苦	chīkǔ	to suffer (eat bitterness)
抽烟	chōuyān	to smoke
出	chū	out
除了	chú le	except
船	chuán	boat
穿(上)	chuān (shàng)	to wear, to put on
床	chuáng	bed
窗(户)	chuāng (hu)	window
除非	chúfēi	unless
吹嘘	chuīxū	to brag

春节	chūnjié	Spring Festival
春联	chūnlián	spring couplets
春秋时期	Chūnqiū shíqī	Spring and Autumn period
出现	chūxiàn	to appear
刺	cì	to poke, to stab
次	cì	next in a sequence, (measure word for time)
刺穿	cìchuān	to perforate
从	cóng	from
从此	cóngcǐ	from then on
从来没有	cónglái méiyǒu	there has never been
聪明	cōngming	clever
从前	cóngqián	once upon a time
错	cuò	bad
大	dà	big, great
打	dǎ	to hit, to play
答案	dá'àn	answer
大多数	dàduōshù	most
大方	dàfāng	generous
大海	dàhǎi	sea
带	dài	to carry, to lead, to bring, a band, a belt
戴	dài	to wear
大家	dàjiā	everyone
打开	dǎkāi	to turn on, to open
蛋	dàn	egg
但(是)	dàn (shì)	but
当	dāng	when
挡	dǎng	to block
当然	dāngrán	of course
担心	dānxīn	to worry
到	dào	to arrive, towards

道	dào	path, way, Dao, to say, (measure word for lines, orders)
刀	dāo	knife
到处	dàochù	everywhere
到底	dàodǐ	finally
倒霉	dǎoméi	unlucky
大声	dàshēng	loud
大师	dàshī	grandmaster
地	de	(adverbial particle)
得	de	(particle showing degree or possibility)
的	de	(possessive particle)
的话	de huà	if
得到	dédào	to get
等	děng	to wait
第	dì	(prefix before a number)
底(部)	dǐ (bù)	low, bottom
店	diàn	a shop
点	diǎn	point, hour, to touch with finger, a tiny bit
地方	dìfāng	location, place
帝国	dìguó	empire
地面	dìmiàn	ground
顶	dǐng	top, withstand, (measure word for things with tops)
低头	dītóu	head bowed
地图	dìtú	map
丢	diū	to throw out, lost
丢脸	diūliǎn	to lose face
栋	dòng	(measure word for buildings, houses)
懂	dǒng	to understand
东(部)	dōng (bù)	east
冬(天)	dōng (tiān)	winter

动物	dòngwù	animal
东西	dōngxi	thing
斗	dòu	to fight
都	dōu	both, all
豆腐	dòufu	tofu
断	duàn	broken, to break
段	duàn	(measure word for sections)
短	duǎn	short
对	duì	correct, towards someone or something, pair
对方	duìfāng	the other party
盾	dùn	shield
顿	dùn	pause, (measure word for time and meals)
多	duō	many
多么	duōme	how
多少	duōshǎo	how many, how much
肚子	dùzi	belly, abdomen
饿	è	hunger
二	èr	two
耳(朵)	ěr (duo)	ear
而(且)	ér (qiě)	and
儿(子)	ér (zi)	son
儿孙	ér sūn	descendant
而是	érshì	but
厄运	èyùn	bad luck
发	fà	hair
法(律)	fǎ (lǜ)	law
发财	fācái	rich
放	fàng	to put, to let out
方(向)	fāng (xiàng)	square, direction, a group of people

房(子)	fáng (zi)	house
翻过	fānguò	to cross over
反话	fǎnhuà	sarcasm, irony
饭碗	fànwǎn	rice bowl
发生	fāshēng	to happen
发誓	fāshì	to vow
发现	fāxiàn	to find out
飞(行)	fēi (xíng)	to fly, flying
非常	fēicháng	very
风	fēng	wind
风景	fēngjǐng	landscape
锋利	fēnglì	sharp
风水	fēngshuǐ	feng shui
风筝	fēngzheng	kite
佛(祖)	fó (zǔ)	Buddha
佛教	fójiào	Buddhism
否则	fǒuzé	otherwise
幅	fú	width, (measure word for pictures)
福	fú	blessing
付	fù	to pay
夫	fū	man
父(亲)	fù (qīn)	father
腐败	fǔbài	corrupt
附近	fùjìn	nearby
该	gāi	should
敢	gǎn	to dare
赶	gǎn	to chase, to rush
干	gān	dry, tree trunk
感(到)	gǎn (dào)	to feel
干(活)	gàn (huó)	to do (work)

感兴趣	gǎn xìngqù	interested
刚(才)	gāng (cái)	just, just a moment ago
刚刚	gānggāng	just
感情	gǎnqíng	emotion
镐	gǎo	pickaxe
高	gāo	tall, high
告诉	gàosu	to tell
高兴	gāoxìng	happy
个	gè	(measure word, generic)
给	gěi	to give
跟(着)	gēn (zhe)	with, to follow
更	gèng	even, watch (2-hour period)
跟随	gēnsuí	follow
个子	gèzi	stature
公鸡	gōngjī	rooster
恭喜	gōngxǐ	congratulations
公园	gōngyuán	garden
工作	gōngzuò	work, job
狗	gǒu	dog
古	gǔ	ancient
鼓	gǔ	drum
怪	guài	strange, blame
怪(物)	guài (wù)	monster
乖乖	guāiguāi	obedient
管	guǎn	tube, to control, to manage
关(闭)	guān (bì)	to turn off, to close, to lock up
关塞	guānsài	mountain pass
关系	guānxi	relationship
观众	guānzhòng	audience
瓜子	guāzǐ	oval

贵	guì	expensive
贵族	guìzú	aristocrat
顾客	gùkè	customer
过	guò	to pass, (after verb to indicate past tense)
国(家)	guó (jiā)	country
过来	guòlái	to come
过年	guònián	New Year's Eve
过去	guòqù	past, to pass by
故事	gùshi	story
哈哈	hā hā	laugh
还	hái	still, also, again
孩(子)	hái (zi)	child
还有	hái yǒu	and also
海龟	hǎiguī	sea turtle
害怕	hàipà	fear, scared
还是	háishì	still is
汗	hàn	sweat
喊(叫)	hǎn (jiào)	to call, to shout
行	háng	row, line, element
好	hǎo	good
好多	hǎo duō	many
好几	hǎo jǐ	several
好吃	hǎochī	delicious
好奇	hàoqí	curious
好像	hǎoxiàng	seemingly, similar to
和	hé	and, with
喝	hē	to drink
河(流)	hé (liú)	river
河蚌	hébàng	clam
嘿	hēi	hey!

黑(色)	hēi (sè)	black
很	hěn	very
和尚	héshang	monk
合适	héshì	suitable
红(色)	hóng (sè)	red
后	hòu	after, back, behind
猴(子)	hóu (zi)	monkey
后来	hòulái	later
后面	hòumiàn	later, behind
壶	hú	pot
虎	hǔ	tiger
狐(狸)	hú (li)	fox
画	huà	to paint, painting
话	huà	word, speech
花	huā	to spend
花(朵)	huā (duǒ)	flower
花光	huā guāng	to spend all
坏	huài	bad, broken
画家	huàjiā	painter
荒	huāng	barren
黄(色)	huáng (sè)	yellow
环境	huánjìng	environment
欢迎光临	huānyíng guānglín	welcome
回	huí	to return
会	huì	will, able to, meet
回答	huídá	to reply
回首	huíshǒu	to look back
葫芦	húlu	gourd
婚礼	hūnlǐ	wedding
或(者)	huò (zhě)	or

活泼	huópō	lively
胡说	húshuō	to babble, nonsense
糊涂	hútú	confused
互相	hùxiāng	each other
几	jǐ	several
鸡	jī	chicken
记(住)	jì (zhù)	to remember
极了	jí le	awesome
家	jiā	family, home, one who does (-er, -ian, -ist)
家伙	jiāhuo	guy
假借	jiǎjiè	to make use of
件	jiàn	(measure word for clothing, matters)
见(面)	jiàn (miàn)	to see, to meet
坚持	jiānchí	to insist
将	jiàng	general, high-ranking officer
坚固	jiāngù	solid
见解	jiànjiě	opinion
健康	jiànkāng	healthy
叫	jiào	to call, to shout
教	jiào	religion
脚	jiǎo	foot
骄傲	jiāo'ào	proud
狡猾	jiǎohuá	cunning
叫声	jiàoshēng	cry
饺子	jiǎozǐ	dumpling
家人	jiārén	family, family members
记得	jìde	to remember
解	jiě	untie
结(婚)	jié (hūn)	to marry
解决	jiějué	to solve, settle, resolve

介绍	jièshào	to introduce
结语	jiéyǔ	epilogue
机会	jīhuì	opportunity
近	jìn	near, close
今	jīn	today, now
金(色)	jīn (sè)	golden
技能	jìnéng	skill
井	jǐng	well
睛	jīng	eye
经	jīng	scripture, holy book
镜(子)	jìng (zi)	mirror
警察	jǐngchá	police
经常	jīngcháng	often
经验	jīngyàn	experience
进入	jìnrù	to enter
既然	jìrán	now that
就	jiù	just, right now
救	jiù	to save, to rescue
久	jiǔ	long
九	jiǔ	nine
酒	jiǔ	wine, liquor
就是	jiùshì	just is
继续	jìxù	to continue
句(子)	jù (zi)	sentence
觉得	juéde	to feel
决定	juédìng	to decide
军(队)	jūn (duì)	army
咖啡色	kāfēisè	brown
开	kāi	open
开始	kāishǐ	to start, beginning

看	kàn	to look, to read
看不见	kàn bu jiàn	look but can't see
看起来	kàn qǐlái	it looks like
看上去	kàn shàngqù	it looks like
看不起	kànbuqǐ	despise
看看	kànkan	to have a look
靠	kào	to depend on, to lean on
烤	kǎo	to bake, to roast
靠近	kàojìn	near
壳	ké	shell
渴	kě	thirst
可爱	kě'ài	lovely, cute
肯定	kěndìng	to affirm, definitely
可能	kěnéng	maybe
客人	kèrén	guest
可是	kěshì	but
客厅	kètīng	living room
可惜	kěxī	pity
可笑	kěxiào	laughable
可以	kěyǐ	can, may
空(气)	kōng (qì)	air, void, emptiness
口	kǒu	mouth, (measure word for people in villages, families)
苦	kǔ	bitter, miserable
哭	kū	to cry
快	kuài	fast
快要	kuài yào	almost
困	kùn	to trap, sleepy
来	lái	to come, to arrive
来自	láizì	to come from
懒(惰)	lǎn (duò)	lazy

蓝(色)	lán (sè)	blue
篮(子)	lán (zi)	basket
狼	láng	wolf
老	lǎo	old
老板	lǎobǎn	boss
老虎	lǎohǔ	tiger
老鼠	lǎoshǔ	mouse
了	le	(indicates completion)
累	lèi	tired
冷	lěng	cold
离	lí	away from, to leave
里	lǐ	a Chinese mile (500 meters)
里(面)	lǐ (miàn)	inside
俩	liǎ	both
脸	liǎn	face
两	liǎng	two, Chinese ounce
脸红	liǎnhóng	blush
聊(天)	liáo (tiān)	to chat
厉害	lìhai	sharp, intense, ferocious
理解	lǐjiě	to understand
离开	líkāi	to leave
黎明	límíng	dawn
林	lín	forest
另(外)	lìng (wài)	other, another, in addition
另一	lìng yī	another
邻居	línjū	neighbor
力气	lìqi	strength
流	liú	to flow, to leak, to drain
留	liú	to stay
六	liù	six

流传	liúchuán	to spread, to pass down
流浪汉	liúlàng hàn	homeless person, vagrant
李子	lǐzi	plum
龙	lóng	dragon
路	lù	road
乱	luàn	chaotic, messy, confused
绿茶	lǜchá	green tea
旅行	lǚxíng	travel
吗	ma	(indicates a question)
骂	mà	to scold
马	mǎ	horse
麻烦	máfan	trouble
卖	mài	to sell
买	mǎi	to buy
麻将	májiàng	mahjong (game)
妈妈	māma	mother
慢	màn	slow
满意	mǎnyì	to satisfy
矛	máo	spear
猫	māo	cat
毛(发)	máo (fà)	hair
帽(子)	mào (zi)	hat
茂密	màomì	lush, dense
马上	mǎshàng	right away
梅	méi	plum (plant or flower)
每	měi	every
美(丽)	měi (lì)	beautiful
媒(人)	méi (rén)	matchmaker
没(有)	méi (yǒu)	no, have not
美好	měihǎo	nice, wonderful

们	men	(indicates plural)
门	mén	door, gate
梦	mèng	dream
梦想	mèngxiǎng	to dream, to fantasize
米(饭)	mǐ (fàn)	rice
面	miàn	side, surface, noodles, face, (measure word for flat things)
免费	miǎnfèi	give for free
面前	miànqián	in front
迷路	mílù	get lost
命	mìng	life, fate
明白	míngbai	to understand, clear
明天	míngtiān	tomorrow
命运	mìngyùn	destiny
母	mǔ	female (animal)
拿	ná	to take, to pick up
那	nà	that
那里	nàlǐ	there
那么	nàme	so then
南	nán	south
男	nán	male
难	nán	difficult
难吃	nánchī	bad tasting
难道	nándào	could it be
难过	nánguò	sad, sorry
那时	nàshí	at that time
那些	nàxiē	those ones
那样	nàyàng	that way
呢	ne	(indicates question)
能	néng	can
你	nǐ	you (male)

年	nián	year
年糕	niángāo	rice cake
年轻	niánqīng	young
鸟	niǎo	bird
你好	nǐhǎo	hello
您	nín	you (respectful)
农夫	nóngfū	farmer
女	nǚ	female
暖(和)	nuǎn (huo)	warm
女儿	nǚ'ér	daughter
女孩	nǚhái	girl
努力	nǔlì	to work hard
爬	pá	to climb
怕	pà	afraid
趴	pā	to lie
盘(子)	pán (zi)	to twist (hair), to cross (leg), plate, tray
旁(边)	páng (biān)	beside
跑(步)	pǎo (bù)	to run
赔	péi	to pay
碰	pèng	to touch
碰到	pèngdào	bump into
朋友	péngyou	friend
匹	pǐ	(measure word for horses, cloth)
漂亮	piàoliang	beautiful
平	píng	flat
苹果	píngguǒ	apple
乒乓	pīngpāngqiú	ping pong
皮影戏	píyǐngxì	shadow puppet play
仆(人)	pú (rén)	servant
骑	qí	to ride (animal)

起	qǐ	to rise, start, from, to get up
七	qī	seven
妻(子)	qī (zi)	wife
气死	qì sǐ	infuriating
前	qián	in front, before
钱	qián	money
前(面)	qián (miàn)	front
墙(壁)	qiáng (bì)	wall
起床	qǐchuáng	to get out of bed
切	qiē	to slice, to cut
奇怪	qíguài	strange
起来	qǐlái	(after verb, indicates start of an action)
情	qíng	feeling
请	qǐng	please
轻	qīng	lightly
青	qīng	green
晴(天)	qíng (tiān)	sunny
情况	qíngkuàng	situation
青蛙	qīngwā	frog
请问	qǐngwèn	excuse me
亲戚	qīnqi	relative
穷	qióng	poor (having no money)
起身	qǐshēn	get up
其实	qíshí	actually
其他	qítā	other
求助	qiúzhù	to ask for help
欺压	qīyā	to oppress
其中	qízhōng	among
去	qù	to go
取	qǔ	to take off

全(部)	quán (bù)	all, entire
却	què	but
缺点	quēdiǎn	shortcoming
确定	quèdìng	to be sure
裙(子)	qún (zi)	kilt, skirt
然而	rán'ér	however
让	ràng	to let, to cause
然后	ránhòu	then
热	rè	heat, hot
人	rén	person, people
认	rèn	to know, to recognize
热闹	rènao	lively
仍然	réngrán	still, yet
人们	rénmen	people
认识	rènshi	to understand
认为	rènwéi	to believe
认真	rènzhēn	serious
日用品	rìyòngpǐn	daily necessities
肉	ròu	meat, flesh
如果	rúguǒ	if
入侵	rùqīn	to invade
三	sān	three
森林	sēnlín	forest
杀	shā	to kill
山	shān	mountain
上	shàng	top, on
伤(害)	shāng (hài)	hurt
上面	shàngmiàn	above
商人	shāngrén	merchant
上天	shàngtiān	god, heaven

山谷	shāngǔ	valley
上午	shàngwǔ	morning
伤心	shāngxīn	sad
少	shǎo	less
蛇	shé	snake
深	shēn	late, deep
身(体)	shēn (tǐ)	body
深处	shēnchù	deep
生(活)	shēng (huó)	life
剩(下)	shèng (xià)	to remain, rest of
声(音)	shēng (yīn)	sound
生气	shēngqì	anger
生物	shēngwù	animal, creature
生肖	shēngxiào	Chinese zodiac
生意	shēngyì	business
什么	shénme	what?
什么样	shénme yàng	what kind of
身上	shēnshang	body
十	shí	ten
市	shì	city
是	shì	is, are, yes, correct
师(父)	shī (fu)	master
时(候)	shí (hou)	time, moment, period
事(情)	shì (qing)	thing, matter
试(着)	shì (zhe)	to taste, to try
士兵	shìbīng	soldier
市场	shìcháng	market
时间	shíjiān	time, period
世界	shìjiè	world
失去	shīqù	to lose

失望	shīwàng	disappointed
兽	shòu	beast
瘦	shòu	thin
手	shǒu	hand
收(下)	shōu (xià)	to receive, to collect, to include
受不了	shòu bu liǎo	can't stand it
收成	shōuchéng	harvest
首都	shǒudū	capital city
首饰	shǒushì	jewelry
手相	shǒuxiàng	palm reading
手指	shǒuzhǐ	finger
束	shù	(measure word for bundles and bunches)
属	shǔ	to be born in the year of (one of the 12 zodiac animals)
树(木)	shù (mù)	tree
刷	shuā	to brush
帅	shuài	handsome
双	shuāng	a pair, both
舒服	shūfu	comfortable
谁	shuí	who
水	shuǐ	water
睡(觉)	shuì (jiào)	to sleep
水果	shuǐguǒ	fruit
睡着	shuìzháo	asleep
树林	shùlín	forest
说(话)	shuō (huà)	to say
说不出	shuō bu chū	can't tell
四	sì	four
死	sǐ	to die
四面八方	sìmiànbāfāng	in all directions

丝(绸)	sī (chóu)	silk cloth
寺(庙)	sì (miào)	temple
送(给)	sòng (gěi)	to give a gift
松开	sōngkāi	to release
算	suàn	to calculate, to count
算了	suànle	forget about it, never mind
酸	suān	sour
算命(先生)	suànmìng (xiānsheng)	fortune teller
岁	suì	years of age
随便	suíbiàn	casual
虽然	suīrán	although
所以	suǒyǐ	so
所有	suǒyǒu	all
他	tā	he, him
她	tā	she, her
它	tā	it
太	tài	too, very
抬头	táitóu	to look up
太阳	tàiyáng	sunlight
叹(气)	tàn (qì)	to sigh
谈价	tán jià	to negotiate price
躺	tǎng	lie down
汤匙	tāngchí	spoon
贪心	tānxīn	greedy
逃(走)	táo (zǒu)	to escape
逃跑	táopǎo	to run away
讨厌	tǎoyàn	to dislike
特别	tèbié	special
甜	tián	sweet
田	tián	field, farm

天	tiān	day, sky
添	tiān	to add
天帝	tiāndì	emperor of heaven
天宫	tiāngōng	palace of heaven
天气	tiānqì	weather
天上	tiānshàng	heaven
天意	tiānyì	God's will
条	tiáo	(measure word for long, narrow, flexible things)
跳	tiào	to jump, to stomp
跳舞	tiàowǔ	to dance
贴	tiē	to keep close to, stick
听	tīng	to listen, to hear
听起来	tīng qǐlái	sounds like
听话	tīnghuà	obedient
听说	tīngshuō	it is said that
痛(苦)	tòng (kǔ)	pain, suffering
同时	tóngshí	in the meantime
同意	tóngyì	to agree
头	tóu	head, (measure word for animal with big head)
头发	tóufa	hair
偷偷	tōutōu	secretly
土	tǔ	dirt, earth
兔(子)	tù (zi)	rabbit
腿	tuǐ	leg
突然	tūrán	suddenly
哇	wā	wow!
外(面)	wài (miàn)	outside
完	wán	to finish
玩	wán	to play

晚	wǎn	late, night
碗	wǎn	bowl
弯	wān	to bend
完成	wánchéng	to complete
晚饭	wǎnfàn	dinner
王	wáng	king
望	wàng	to see
往	wǎng	towards, in the past
往前	wǎng qián	move forward
完美	wánměi	perfect
顽皮	wánpí	naughty
完全	wánquán	completely
晚上	wǎnshang	evening, night
袜子	wàzi	sock
为	wéi	for, as
位	wèi	place, (measure word for people (polite))
喂	wèi	to feed, hello
为了	wèi le	in order to
味道	wèidào	taste, smell
为什么	wèishénme	why
威势	wēishì	power
文	wén	ancient coin
问	wèn	to ask
温度	wēndù	temperature
问题	wèntí	problem, question
我	wǒ	I, me
五	wǔ	five
午饭	wǔfàn	lunch
乌龙茶	wūlóngchá	oolong tea
无论	wúlùn	regardless

武器	wǔqì	weapon
无趣	wúqù	boring
洗	xǐ	to wash
吸	xī	to suck, to absorb
西	xī	west
下	xià	down, under
吓	xià	to scare
夏(天)	xià (tiān)	summer
下来	xiàlái	to come down
线	xiàn	thread, line, wire
先	xiān	first
像	xiàng	like, to resemble, statue, portrait
象	xiàng	elephant
想	xiǎng	to want, to miss, to think of
香(火)	xiāng (huǒ)	incense, fragrant
想要	xiǎng yào	would like to
想起	xiǎngqǐ	to remember
想象	xiǎngxiàng	to imagine
相信	xiāngxìn	to believe, to trust
先生	xiānsheng	sir, gentleman
现在	xiànzài	now
笑	xiào	to laugh
小	xiǎo	small
小孩	xiǎohái	child
小路	xiǎolù	path
小气	xiǎoqì	mean, petty, stingy
小声	xiǎoshēng	whisper
小时	xiǎoshí	hour
消息	xiāoxi	news
小心	xiǎoxīn	careful

小心眼	xiǎoxīnyǎn	narrow-minded
下棋	xiàqí	to play chess
下午	xiàwǔ	afternoon
狭窄	xiázhǎi	narrow
谢(谢)	xiè (xie)	to thank
鞋(子)	xié (zi)	shoe
喜欢	xǐhuan	to like
信	xìn	letter
信	xìn	to believe
心	xīn	heart, mind
新	xīn	new
兴	xìng	prosper
姓	xìng	surname
幸	xìng	fortunate
醒(来)	xǐng (lái)	to wake up
星期	xīngqī	week
形容	xíngróng	to describe
行为	xíngwéi	behavior
辛苦	xīnkǔ	to work hard
熊猫	xióngmāo	panda
蟋蟀	xīshuài	cricket
休息	xiūxi	to rest
希望	xīwàng	to hope
洗澡	xǐzǎo	to bathe
需(要)	xū (yào)	to need
选(择)	xuǎn (zé)	to select, to choose
学(习)	xué (xí)	to study, to learn
牙(齿)	yá (chǐ)	tooth, teeth
压(垮)	yā (kuǎ)	to crush
眼(睛)	yǎn (jing)	eye

274

样(子)	yàng (zi)	appearance
药	yào	medicine
要	yào	to want
咬	yǎo	to bite, to sting
摇(动)	yáo (dòng)	to shake or twist
妖(怪)	yāo (guài)	monster, demon
也	yě	also
夜(晚)	yè (wǎn)	night
叶(子)	yè (zi)	leaf
也许	yěxǔ	maybe
爷爷	yéye	grandfather, paternal grandfather
移	yí	shift
艺	yì	art
一	yī	one
衣(服)	yī (fu)	clothes
意(思)	yì (si)	meaning
一个人	yí gè rén	alone, one person
一边	yìbiān	on the side
一点(点)	yìdiǎn (diǎn)	a little bit
一定	yídìng	must
以后	yǐhòu	after, later, in future
已经	yǐjīng	already
移开	yíkāi	to move away
因(为)	yīn (wèi)	because
因此	yīncǐ	therefore
赢	yíng	to win
应(该)	yīng (gāi)	should
一起	yìqǐ	together
以前	yǐqián	before
以外	yǐwài	except

以为	yǐwéi	to believe
一下	yíxià	a bit, a short quick action
一眼	yìyǎn	at a glance
一样	yíyàng	same
意义	yìyì	importance
椅子	yǐzi	chair
用	yòng	to use
永远	yǒngyuǎn	forever
又	yòu	again, also
右	yòu	right (direction)
有	yǒu	to have
有点儿	yǒu diǎnr	sort of
有钱	yǒu qián	wealthy
有时候	yǒu shíhou	sometimes
有意思	yǒu yìsi	interesting
有点	yǒudiǎn	a little bit
有名	yǒumíng	famous
游戏	yóuxì	game
优秀	yōuxiù	excellent
有用	yǒuyòng	useful
由于	yóuyú	because
愚	yú	foolish
鱼	yú	fish
玉	yù	jade
鹬	yù	sandpiper bird
雨	yǔ	rain
遇(到)	yù (dào)	to encounter, to meet
远	yuǎn	far
原来	yuánlái	turn out to be, original
预测	yùcè	to predict

愚蠢	yúchǔn	foolish
越	yuè	more
月(亮)	yuè (liang)	month, moon
越来越	yuè lái yuè	more and more
运动	yùndòng	sports, exercise
运气	yùnqi	luck
允许	yǔnxǔ	to allow
再	zài	again
在	zài	in, at
在旁	zài páng	alongside
再见	zàijiàn	goodbye
燥	zào	dry
早	zǎo	early
早饭	zǎofàn	breakfast
早上	zǎoshang	morning
早已	zǎoyǐ	already
怎么	zěnme	how?
怎么办	zěnme bàn	how to do
怎么了	zěnme le	what's wrong
怎么样	zěnme yàng	how about it?
怎样	zěnyàng	how
窄	zhǎi	narrow
站	zhàn	to stand
战(争)	zhàn (zhēng)	war
仗	zhàng	battle
张	zhāng	open, (measure word for pages, flat objects)
丈夫	zhàngfu	husband
长子	zhǎngzǐ	eldest son
找	zhǎo	to search for
找不到	zhǎo bu dào	can't find

找到	zhǎodào	found
招呼	zhāohu	to greet
着	zhe	(indicates action in progress)
这	zhè	this
这里	zhèlǐ	here
真(正)	zhēn (zhèng)	true, real
震动	zhèndòng	shake, quake
正要	zhèng yào	about to
争吵	zhēngchǎo	to quarrel
政府	zhèngfǔ	government
正确	zhèngquè	correct
正在	zhèngzài	(-ing)
政治家	zhèngzhì	statesman
真是	zhēnshì	really
真相	zhēnxiàng	truth
这样	zhèyàng	such
只	zhǐ	only
指	zhǐ	finger, to point at
止	zhǐ	to quench (thirst)
只	zhī	(measure word for animals, jewels, and some jewelry)
之	zhī	of
支	zhī	(measure word for stick-like things, armies, songs, flowers)
知(道)	zhī (dào)	to know
只能	zhǐ néng	can only
之后	zhīhòu	after, later
指南针	zhǐnánzhēn	compass
至少	zhìshǎo	at least
只要	zhǐyào	as long as
中	zhōng	in, middle, center, among

钟	zhōng	bell
中国	Zhōngguó	China
重要	zhòngyào	important
终于	zhōngyú	eventually
种植	zhòngzhí	to plant
周围	zhōuwéi	surroundings
住	zhù	to live, to hold, (verb complement)
祝	zhù	to wish
猪	zhū	pig
抓(住)	zhuā (zhù)	to arrest, to grab, to scratch
爪(子)	zhuǎ (zi)	claw, paw
赚	zhuàn	to earn
转(身)	zhuǎn (shēn)	to turn
撞	zhuàng	to knock against, to run into
桩	zhuāng	stump, pile
庄稼	zhuāngjia	crops
注定	zhùdìng	doomed
祝贺	zhùhè	congratulate
准备	zhǔnbèi	to prepare
桌(子)	zhuō (zi)	table
主人	zhǔrén	owner, master
注意	zhùyì	to notice, caution
主意	zhǔyi	idea, plan, decision
字	zì	written character
子	zǐ	child
紫	zǐ	purple
自己	zìjǐ	oneself
仔细	zǐxì	careful
总(是)	zǒng (shì)	always
走	zǒu	to go, to walk

走路	zǒulù	to walk
最	zuì	most
嘴(巴)	zuǐ (ba)	mouth
最好	zuì hǎo	best
最后	zuìhòu	last
最近	zuìjìn	recent
尊重	zūnzhòng	to respect
做	zuò	to do, to make
坐	zuò	to sit
座	zuò	seat, (measure word for mountains, temples, big houses)
左	zuǒ	left (direction)
做生意	zuò shēngyì	trade
做事	zuòshì	work
昨天	zuótiān	yesterday

About the Author

 Claire Maccabee is an ESL teacher with a passion for Mandarin, Chinese folklore, languages, and travel.

She spent years after college traveling in Asia and completed a Master's degree in Mandarin and ESL upon her return. She has worked as a beginner Mandarin teacher and a project manager. She also dabbles in linguistics, linguistic anthropology, and pop psychology for rookies.

A Sinophile, she also enjoys studying French, Spanish and Navajo, and is interested in endangered language preservation. *Chengyu!* is her first book for students of Mandarin.

While a learner herself, she found the search for scaffolded texts at the intermediate level to be challenging. She wrote this graded reader to help hardworking Mandarin students gain confidence in their reading ability while having some fun along the way.

She lives in New Jersey, and can be found traveling, cooking, attempting to play the guitar, and looking for the nearest bubble tea shop.